言語生態学者　鈴木孝夫講演集

世界を人間の目だけで見るのはもう止めよう

鈴木孝夫

Suzuki Takao

巻頭言

日本は今や借り物ではない自前の世界経綸を発信すべき立場にある

近年、私が各所で行ったいくつかの講演の記録や月刊誌に発表した談話のまとめを集めたこの本は、以前から私の出版活動についてなにかと面倒を見てくださっているラボ教育センター元会長松本輝夫氏の、やんわりとした、然し熱意あふれるいささか執拗な叱咤激励がなければ日の目を見なかったことは間違いありません。と言うのも、元来一つのことに集中できない私は、まるで花から花へと、忙しく飛び回っては蜜を集める落ち着きのない蝶か蜂のように、様々な問題に次々と鼻を突っ込んでしまい、後始末がうまくできないまま日が経ってしまうからです。

その私が近年、しかも卒寿を超えたころから熱中し出した仕事は、私たちの国日本が、数ある世界の国々の中で、なんとも際立って特徴のある面白い歴史と仕組みを持っていることに遅まきながら気づいて、その不思議な実態と、そのことが持つ今日的、さらには人類史的な意義を明らかにすることでした。

私が、いわゆる世界の歴史とこれまで称されてきたものを、私流の雑学的な視点から俯瞰してみて分かったことは、私たちが今生きている現在という時代は、これまでの世界にはいつも一応存在していた世界文明上の中心的覇権国がもはや不在となり、そのため人類は至る所で、様々な形での解決のめどの立たない難しい国際紛争や環境問題に直面して、人々はこれまでにない迷走混乱、対立抗争の渦に巻き込まれ、右往左往しているということです。

そこでこのような時にこそ、今や世界の数少ない大国の一員となっている私たちの国日本は、アジア・アフリカ大陸に広がる非西欧圏では巨大な中国と並ぶ実力を持った存在であり、それ相応の役割を果たすべきであるにもかかわらず、国際的な舞台では、アメリカという今や明らかに盛りを過ぎた超大国の陰に寄り添う、なんとなく情けない腰巾着のような、ひ弱な国であると見られています。

その理由は私の見るところ、日本は国際法的に言えばれっきとした一人前の独立国ではあっても、肝心の日本人の多くが、日本は世界の荒波を直接受けて立つ完全に自立した独立国ではなく、なにかとアメリカの顔色をうかがい一喜一憂する、まるで主人に忠実な飼い犬よろしき存在だと、自分で思い込んでいるからです。

このような、なんとも情けない、しかも事実にそぐわない自虐的な自己認識を日本人が改めない限り、日本という国だけが持つ、先に述べたこの素晴らしい宝は、それこそ宝の持ち腐れに終わってしまうのです。でも、この日本だけが持つ宝が、あくまで日本一国にだけ利益をもたらすものであるならば、世界的な見地からはあまりたいしたことではないと言えるかもしれません。しかし私の見るところ、私たち日本人がその大きな価値を殆ど意識せずに持っているこの宝とは、混迷の度を日々深める一方の、今の人類社会が陥ってしまった出口の無い八方ふさがりの袋小路から、人々が脱出できるかもしれない知恵と方法がぎっしりと詰まっている宝蔵なのです。

今ここで世界の近代史をちょっとふり返ってみると、千年以上もの長い歴史を誇る一神教的世界観と、白人至上主義的人種観に基づく、しかも常に圧倒的な武力に裏付けされた西欧主導の近代世界が、思わぬ形で揺さぶられ始めたのは、実は他ならぬ私たちの国日本が、西欧諸国の強引な要求に屈して鎖国をやめ、開国を余儀なくされた、十九世紀中葉に始まっていることが分かります。

日本はこのとき、直前のアヘン戦争に際して、それまで強大無敵と思われていた老大国の清が、西欧列強の有無を言わさぬ強烈な砲艦外交にあえなく屈したことをすでに知っていたので、武力をかざす西欧諸国と正面から対決することを避け、卑屈なほどの迎合姿勢で彼等の強引な要求を受け入れる形での開国に踏み切りました。

そして脱亜入欧の掛け声の下、西洋型の近代国家に急いで変貌する道、——それは近隣国家を自国の勢力圏に組み入れる拡大路線（レーベンスラウムの確保）にほかならないのですが——を走りだしたのですが、その際、巧みな和魂・洋才の使い分けによって、日本独自の世界観、とりわけ自然観はかなり温存することができたのです。そしてこのことが可能だったのは、日本という国の地政学的好条件に負うところが極めて大きいことは間違いない事実です。

このときに日本が取った帰属文明の変更路線を卑俗な表現で言えば、日本は「体は売ったが、心は売らなかった」かたちで、本来の柔らかな国柄をかなり残しながら、先輩格の西欧諸国と同じ国際的な土俵で、自国の利権を武力で奪い合う形の国際（競争）紛争に次々と巻き込まれることになったわけです。

ですから明治開国直後の日清戦争や、それに次ぐ日露戦争はもちろんのこと、その後の満州事変から盧溝橋事件、日中戦争と続く近隣諸国との武力衝突は、ヨーロッパ大陸で有史以来、異民族間で繰り返された数多くの戦争、近代ではインドやベトナムの占有をめぐっての英仏間の確執、さらには北米大陸でのフランスとイギリスの長期にわたる抗争などと少しも変わるところはないのです。日本が自国の権益を拡大するために武力を使用したことは、当時としてはなにも特別非難されることではありません。

ところが、日本も参加した第一次世界大戦後の世界秩序回復のためのヴェルサイユ講和条約の準備委員会において、日本の提案した世界での奴隷使用廃止・人種差別禁止の提案が参加国の多数の賛成で採択されようとしたとき、委員長のアメリカ大統領ウィルソンが突如、このような重要な提案は多数決ではなく全会一致で決定すべきだと発言して、なんと日本案は否決されてしまったのです。当時はまだ欧米諸国の多くでは、なんらかの形での奴隷の使用や人種差別の制度が社会的に認められていたからです。

このように日本は、欧米諸国の言う建前としての正義の主張を忠実に見習って、西欧型の新興国として年毎に国力を増すのですが、日本は非白人の非キリスト教国であるが故に、欧米諸国からは様々な形で、白人を別格とする世界の既成秩序を乱す危険な国（黄禍）と見なされ始めていたのです。

一神教であるキリスト教の信仰を持つ欧米人は、まず手始めにスペインがインカ帝国など多くのアメリカ大陸の国々を様々な姦計を用いて抹殺し、次いでイギリスのピューリタンと称する敬虔なキリスト教徒の移民が乗り込んでいった北米大陸では、先住民族のインディアンたちが各地で彼らの土地から追い立てられて姿を消していく悲劇がごく最近まで続き、オーストラリアでは原住民のアボリジニーが、なんと狩猟の対象とされて追いまくられるなど、白人たちによる「人道に悖《もと》る行為」はそれこそ枚挙にいとまなしです。

このようなことを少しでも知っている人なら、日本が起こした「大東亜戦争」が「人道に悖《もと》る不当な戦争だ」とか「世界の平和に対する挑戦だ」などと言って、日本を極東軍事裁判で裁いたアメリカ人たちが、いかに自分勝手な神をも恐れぬ無頼漢であるかが立ちどころに分かるはず。そして、それに対して日本無罪論を強硬に主張したインドのパール判事やフランスのベルナール判事の日本弁護論に、日本人はもっと感謝すべきだと私は思うのです。

日本の起こした「大東亜戦争」は質《たち》の悪い侵略戦争だったどころか、この戦争を契機に、やがてその結果として、この広い世界に植民地も、そして奴隷制も人種差別も殆ど存在しなくなったことだけを取り上げても、日本が多大の人的物的損害を背負い込んだこの戦争は、あくまでも結果論ですが、所期の目的であった東亜各地の数ある欧米の植民地を解放しただけでなく、さらにそれ以上の成果を上げることができたとも言えるのです。その過程において当時の先進国の真似をして、中国や朝鮮に対して侵略的行為を働き、多大な迷惑をかけたことは消しがたい事実ですが。

このようなわけですから、この本を手にされた若い世代の方々は、できるだけ自分の手で、日本が戦争を起こす前と戦後では世界がどのように変わったかを、例えばアジアに戦前独立国だった国はどことどこか、サハラ以南のアフリカにはエチオピア一国しか無かった独立国が、今現在幾つになっているのだろうかといった事実を自分で調べることで、世界が結果的に日本のおかげでどのように変わったかを実感して欲しいのです。

「大東亜戦争」の大敗北という日本の歴史始まって以来の民族的ショックの後遺症である自虐的自国史観に基づく当事者意識の誠に薄い、傍観者然とした曖昧な国際対応の姿勢を改め、今述べたような特異な日本の歴史的背景と、さらには古代から連綿と続く日本の文化が持つ、どこの国にも見られない独特の世界観に裏付けされた日本語の力を見直し、この日本語を急いで国際的に普及させることが、日本人自身が考えている以上に混乱と崩壊の著しい世界環境の保持保全のため、そして私たち人類の永続のために最も有効な手段なのだというのが今の私の考えです。

ここまで読んでこられた方でも、今日の混乱を極める世界を、日本（人）がどうして救えるのかとまだ不審に思われる方が多いと思いますが、その糸口をいろいろな角度から提供しているのが、一見雑多な内容を並べたように見える私のこの本なのです。ですから、騙されたと思ってぜひ終わりまでご一読されることを心からお願いします。きっとなるほどそうだったのか、そんなこと学校では教えてもらえなかったと膝を打たれることが多々あると思います。

最後になりましたが、今回もこのような私としては初めての講演集を喜んで刊行してくださった冨山房インターナショナルの坂本喜杏社長に心からの感謝を捧げます。

令和元年八月末日

鈴木孝夫

【凡例】

・本書は、鈴木孝夫の近年（二〇一〇年以降）の講演のうち、単行本や鈴木孝夫研究会（タカの会）編の研究誌『鈴木孝夫の世界』（全四巻、冨山房インターナショナル刊）、あるいは講演主催団体の機関誌等に未収録の講演記録を集めたものである。講演当日、聴講者に配布された長文レジュメを基に加筆・修正したものもある。

・「日本語と日本文化が世界を平和にする」は『新潮45』誌に掲載されたものだが、「談」をまとめた論考につき、収録した。

・収録は、巻頭の一編を例外として講演時期の年代順とした。

・各講演の実施年月日、主催団体については【解題】に記述した。

・今日の通念ではあまり使用されることのない表現がいくつかあるが（「大東亜戦争」「北支」等）、著者の見解を尊重して原文通りとした。

【目次】

装幀／滝口裕子

一　世界を人間の目だけで見るのはもう止めよう
——下山の時代の哲学、戦略、生き方

日本は人類最初の不思議な段階に達した国

今日は十一月六日、ということは私が満年齢で八十歳代でいられるのもあと数日（＊誕生日が十一月九日）ということですが、このトシになって改めてひしひしと感じるのは、私は日本という国に生まれて本当によかったということ。よかったというより幸せだと言った方が適切かもしれませんね。私は若いころから世界中を見てきたけど、そうであればこそ日本の良さが世界のどの国と比べても抜きんでていることがよく分かるのです。

これは、私という個人が幸福ということだけではなくて、日本という国が人類最初の素晴らしい立場に現在到達しているのだということです。殆どの日本人は、そのことを知らないし、特に若い人などは、「なんで日本っていい国なんですか」と不思議がるかもしれないけど、これは明白な事実なのです。なぜ日本が素晴らしい国と言えるのか——私はそれをいちいち説明するのが面倒くさいから、ある大学で講演した際は、「なぜいいかって言うと、あんたみたいなバカが大学に入れること自体が素晴らしい国の証だ」と答えたら、「ハー」なんて言って落ち込んでしまった様子。日本以外では、大学に入るため

には、お金も大変だが、頭もそこそこよくて相当に勉強もしないと入れない国が多い。あんたみたいに、日本ってどうしていい国なんですかなんて、そういう暢気なことを質問できるような大学生が生きていられるのは日本だけだとね。それを聞いた皆が、なんか、分かったような分からないような顔をしていましたね。

今日は、どうして私がそう考えるのかという話をできるだけ明快に展開したいと思っています。まず言いたいのは、日本というのは本当に掛け値なしに人類が最初に体験する驚くべき段階に到達した最先端の国だと言うことです。人類史上最高の長寿社会になっているという事実がそれです。平均寿命が日本は今、男女とも世界一ですよね。ロシアなんて国が大きいし、なかなか強いことを言うけど、男の平均寿命は六十歳くらい。冬が寒くてウォッカをガボガボ飲んだりして、やはりいろいろ問題があるのでしょう。

一方アメリカは、貧乏な人がたくさんいることもあって平均寿命が下がるとか、やはり問題が多い国なのです。日本は、その点、今のところ世界で最高の、人類が望んだ長寿社会となっている。しかも大事なことは、長寿社会となるための特別な無理を重ねたということがない国でもあるということ。昔から人間は長生きしたいと願って、特に権力があり、お金がある連中は、生きのいい娘を殺して肝臓を蒸し焼きにして食べたり、酒池肉林で遊んだりしてきたが、日本ではそういうことが殆どありません。

酒池肉林どころか、人肉を食べて寿命を延ばそうとした文化・伝統も中国などでは長くあったのです。

ドイツでも第一次大戦のとき、ソーセージがなくて困っていたら何軒かのソーセージ屋がどんどんソーセージを売り出して、みんな喜んで買ったのだが、「さて、原料はなんだろう」と誰かが言い出して調べたら、床下に人骨がうんとあったという有名な話があります。このように人肉を食べるというのは、かつては世界で普通だったのです。ところが日本には、牛や豚の肉食ですら全国的な風習としてはわずか百数十年の歴史しかないのですから、日本人にとっては、そういうことは考えられないことなんです。

世界一の長寿国がはらむ大問題

さて、このように日本は、昔は世界中の王侯貴族が憧れ、望んだような長寿を一般の庶民さえもが手に入れたという段階に達したのですが、しかし誠に皮肉なことにその瞬間から、この達成そのものがはらむ大問題に直面することになった。長生きというのは実はそれ自体がなんとも悩ましい問題でもあること、必ずしも皆が幸福になれるわけではないことがはっきりしてきたのです。今では長生きなんてしなきゃよかったと苦しむ人も少なくないし、周りの近親者の中から早く死んでくれないかなといった冷たい願望の眼差しが注がれる場合もある。つまり、これまでの人類が経験したことのない複雑で厄介な問題を抱えることになったのです。

今までの日本の学問・研究というのは、古代から現代まで殆どその時々の先進国の学問・研究を輸入して、「あ、そうか。あちらでは」というふうに、私の言う「では」＝出羽守《でわのかみ》型学問でした。アメリカでは、ロシアでは、中国では、というふうにひたすら学んで取り入れて、それを必要に応じて日本ではこうした方がいいという具合に改良してきた。そのおかげで日本という国は様々な点で世界一になったんです。しかし、そうなった途端に、他の人類が経験したことのない世界一の長寿国ならではの難題に苦しむことになった。しかも難しいと言ってただ我々が悩むだけならいいんですけど、そのことが実は地球の全生態系を破壊する恐れがある大問題でもあり、これが私の大きな悩みでもあるのです。人間がどんどん増えて、しかも長生きする人間が増える一方となると、有限な地球という宇宙船への負荷が高まるばかりだ。私たちの地球という宇宙船は有限なのです。そしてこの私たち人間の住んでいる地球は、資源が足りないからといって他所《よそ》から持ち込むことはできないし、うみ出す廃棄物とかいろんな困った物質を他所の天体に移すこともできません。つまり完全なる閉鎖空間というわけです。そんな閉鎖空間の中で人間だけがどんどん繁栄し、人間だけが長寿となって増え続ければ、どうなることか。他の生物はどんどん絶滅に追いやられて、しまいには殆どが絶滅となる公算が極めて高い。

これが、私が子どものころから鳥の研究が好きで、感じ続けてきた直観であり、心配です。私は元来人間より他の生き物、とりわけ鳥の方が好きだし、そちらへの関心の方が強いから、どうしても他の生き物たちの運命が気にかかってしょうがないのです。そう言えば私が医学部に行ったのも、動物学部に行きたかったが、戦争中で行けなかったので仕方なく、人間も動物だから医学部に行けば動物の研究もできるかもしれないと考えてのこと。どうせ戦争というのはあまり長くは続かないはずという冷めた認識もあった。ヨーロッパには三十年戦争、百年戦争なんていうのがあったことは知識としては知っていたけど、当時の私の感じでは、日本の戦争は数年で終わると思っていたのです。だから腰掛けのつもりで医学部に入ったという次第。そうしたら、日本とアメリカの戦争は本当に数年で終わったので予定通り医学部は途中でやめて文学部に移り、ギリシャ語、ラテン語の古典研究にいそしむようになった。鳥の学名はすべてラテン語だし、そうした研究を通して、私は鳥のこと、動物のことを考えていたのです。

また戦争中、農家出身の父親と一緒に農業も三年はやった。ありとあらゆる農作物、米・麦・豆類をはじめとして様々な野菜を自分たちで作ったといっても大げさではありません。ゴマもかんぴょうも作ったし、足踏み脱穀機で稲も扱ったし、小麦からパンを作ったりもした。そうした農業経験を通して、私は土と親しみ、自然の営みの循環と豊饒を実感することもでき、これは私の大きな無形の学問的な財産になったのです。

話を戻せば、世界一の長寿社会になってしまったこと一つをとっても、今や日本がよその国にはない人類最初の新しい学問を産み出し、発信できるチャンスを迎えているのであり、全人類に貢献できる貴重な立場に立っていることを私たちは自覚する必要があります。

今まではユーラシア大陸のメソポタミアから始まって、ペルシャの素晴らしい技術とか学問がシルクロードを通り、唐の長安で熟成したものを日本から派遣された遣唐使が日本に持ち帰って、というふうに、ユーラシア大陸の立派な学者やエンジニアや職人たちが苦労して築き上げた文化・文物・技術を輸入し、それを真似し発展させて、日本は独自の文明を発達させてきたわけです。

そして幕末から明治にかけては、ヨーロッパが極めて乱暴な砲艦外交によって中国をはじめアジア諸国に「俺のいうことをきかないと無茶苦茶にするぞ」と植民地にするための外交を展開し、門戸開放を迫った。日本にも米国のペリーという男が艦隊を率いてやってきて開国を強く迫った。それがきっかけで、日本はやむを得ず開国に応じたのですが、ペリーは本当は相当に悪質な人物であるにもかかわらず、日本人はおめでたくて、所縁の地では開国の恩人として「ペリー祭り」とか言って毎年お祝いをしているのです。

日本は国境のない唯一の大国

日本はこのように、ペリーですら恩人として感謝して受け入れてしまうおめでたい国なのですが、それはペリーに始まったことではなく、はるか昔から海外からきた人間、文物を大事に思い、敬う傾向が強かったのです。それは、ユーラシア大陸などでは人類が何万年もやってきた異民族同士の殺し合いが殆どないからです。これにはもちろん日本が元々国境のない大きな国であった事情がからんでいます。まあ先の戦争中は樺太というのが日本にあって、南樺太に国境がありましたが、これはほんの一時の例外的史実。日本は、大国にしては珍しい国境のない国なのです。

国境がないということは外国と直に接していないということ。ということは、外国の影響が基本的に外国人という生きた人間によってもたらされるのではなくて、船に積まれて輸入される本と出来上がった製品でやって来るのです。本と製品というのは悪いことはしません。そして本は、勝手に此方が誤解して美しく読むことも許されるわけです。

ところが外国の生きた先生が来ると、先生が動き回ってムチを持って、それは違うぞとか言ったりするから、外国文化の持つ何か嫌な面とか怖さ、毒素やつまらなさにも丸ごとふれるから美点だけを勝手に吸収すればいいというわけにはゆかなくなる。つまり幻想的な出会い方にとどまることができなくなる。陸続きのユーラシア大陸などの国々では皆そうなるのですが、しかし幸か不幸か日本は国境がないために、かつて海外の文化や学問は日本に入ってくる段階であらかじめ毒抜きされて、全てあたかも理想のような学問になってしまったのです。だからこれを私は「蜃気楼効果」と呼んできたのですが、外国文化の土台が見えない分、上の方の、ほんとはそんなに高い所にないはずのきれいなお城ばかりが見えて、ああフランスは素晴らしい、ああイギリスは素敵とみんな憧れてしまうわけです。その憧れが非常に強いために、日本はものすごい勢いで向こうのいいところだけを吸収する結果となり、それによって明治以後の近代化も世界が驚く速さで急激に進めることができたのです。

たとえば有名なパリの下水道というのもどうしてできたかと言えば、かつてパリのスラムのアパートでは、夜、おまるにとった汚物を、朝、パッと窓の外に投げる習わしがあった。そうすると何年も経つと汚物の山が道にできて、雨が降ると、どんどん汚物が家の中まで入ってくるわけです。そこで法律ができて、「水に気をつけろ」と叫ばなければいけないとなるというふうにね。しかし、そんなことでは解決するわけがなく、ペスト、コレラも流行ってしょうがないということで、やむにやまれず大規模な地下、下水道を造ったという次第。全然美しい話ではないのですけど、敗戦後の日本では、「さすがパリ人は先見の明がある」とか言って憧れて、ゴンドラで下水道観光までやったりして「日本は遅れている、パリにならって下水を完備しなくては」と必死になって下水を造って、あっという間に日本は世界で一番よくできた下水道を造ってしまったのです。

このように日本は誤解によって、英米やフランスなど「先進」的外国を見本にすることを通して、どんどん発展した国なのです。ところが今や得意の誤解ができなくなった。ありとあらゆる通信と時間が短縮になって、諸外国の生の現実がパッと殆ど一瞬で分かるわけですね。だから、今のアメリカを普通に常識のある人はいい国だとは思いません。むしろひどい国だと思う人が増えているはず。国民健康保険もないし、社会的格差も日本とは比較にならないほどのレベルに拡大しているからです。そして金持ちは全て自分たちの住む町や高級住宅地を防壁で守らないとダメなんです。もっともこうした傾向はローマ帝国以来で、金のある民族、強い民族、金持ちは自分の住むところを城壁を築いて守るというのが一貫した習わしでした。この始まりはかの有名なシーザーで、彼がイングランドを征服したときにスコットランド人が強くて、いくらローマ軍が守っても攻めて来るというので、スコットランドとイングランドの境に二つ防壁を造ったんです。観光で行かれた方もいると思いますが、ハドリアヌス帝の防壁と、それからもう一つはアントニウスの防壁。

このように、結局、自分たちが住んでいる高級な場所や地域を、泥棒とか蛮族から防ぐために壁を造るというのは欧米の常識なのです。パリやロンドンをはじめとしてヨーロッパの歴史的な大都市には必ず周りに高い石造りの城壁があるのも同じ理由です。

ですから今、メキシコから来る人たちを米国のトランプが一千キロの壁を造って入れないようにするというのはなんの不思議もないこと。ベルリンの壁もその一つだったし、万里の長城もそうです。イスラエルが長大な壁をパレスチナとの間に造ったのも同根。自分たちが百パーセント正しくて、悪い方、つまり自分たちが虐待したり、征服したり、追い出した民族から逆に攻められないために当然の措置として壁を造るんです。

ここでふり返って日本のことを考えてみると、壁のない文明というのはなんと日本だけなのです。江戸（東京）は言うまでもなく、京都、奈良なんてあれほど古代中国の長安の都、今の西安を真似したにもかかわらず、京都、奈良にも防壁がない。では、どうして日本の都市には壁がないのか。日本というのは昔から国内で階級差とか人種差別がヨーロッパに比べると殆どないに等しい国だったからです。欧米等の外国は国外でも国内でも、俺たちとあいつらは違うという形で明確に居住地域を分ける必要があった。これが今アメリカで問題になっている gated community。入り口に銃を持った守衛がいて、そこに暮らす何百人だか何千人だかしか中に入れないのです。その中に教会だの遊園地だのがあって、そこは理想郷だけど、一歩外に出ると、ギャングだ、泥棒だ、というふうになる。なので、とにかくよそ者は入れないんです。フィリピンなども今はこれが多くなっています。

日本でも最近はそうした傾向が一部に強まっているかもしれません。というのも私の家《うち》の周り、渋谷の青葉台という住宅街、私の親父が住み始めた当時は普通の人の住むところだったのですが、周りにソニーの創業関係者とか有名な歌舞伎役者とか映画俳優とかが住むようになって、現在は立派なアメリカ風の高級住宅地域になっています。家の建物全部がコンクリートでできていて窓がなくて鉄格子付き。表札は皆出していません。そうしたら私の娘が子どものころ、散歩に連れていったとき、「お父さん、これ牢屋?」って聞いたんです。子どもの目で見ればそう映って当然ですね。

日本もこのようにアメリカナイズされてね、町全体を塀で囲うわけではないけど、一軒一軒が厳重に囲われていて誰が住んでいるかも分からないようになっているんです。こういう傾向も、結局はアメリカ流グローバリゼーションの影響であって、つまりは世界をアメリカのように変えていくという流れに沿ったものと言わねばなりません。私がこれまでも常々言ってきた通り、世界全体を米国化するという流れは世界と人類をより早く破滅に導く流れなのですから、グローバリゼーションには絶対に反対しなければならない。

世界各地のそれぞれの文化、生き方というのは、それぞれに違う風土、環境、気象に住んでいると自ずから違ってくるのであり、そうした多様な違いに即した文化、生き方を大事にしていけばエネルギーの無駄使いも殆ど生じないのです。ところが世界中をアメリカのようにしていくと、たとえば今の私が主な住まいにしている老人ホームがそうなりかけているのですけど、明るい昼間から煌々と電燈をつけ、寒いときにはガンガン暖房して暑くなりすぎると窓を開けたりしているのが現状。アメリカやカナダがそうですけど、冬の真っ盛りでも皆ワイシャツでもって窓開けて仕事しているのです。エネルギー無駄使いの極みだし、愚の骨頂だけど誰も止めないし、止められない。なぜか。その方が快適であり、灯油や石油を大量に使わないと経済が発展せず、国の運営がうまくいかないと皆が思い込んでいるから。

さらに言えば、アメリカが第二次大戦後も世界のあちこちでやたら戦争行為に走るのも同じ理由からです。戦争をしないと国の経済がうまく立ちいかない仕組みになっているから、アメリカはマッチポンプで、しょっちゅういろんなところに小さな戦争を起こしては、その国、地域に暮らす人々に甚大な害を及ぼし続けているのです。その背後には武器商人の暗躍がある。国家財政の三分の一は武器製造業でもっていると言ってもいいくらいだ。つまりアメリカは世界平和とかなんとか言っても、ほんとは戦争万歳の国なのです。もっともこの点ではフランスもロシアもたいして変わりがありませんが。ですから私たちはグローバリゼーションなるものの実体をしっかり見ておく必要があります。

今こそホモ・フィロソフィクスの輩出を

そんな世界の大勢の中で、今日本というのは人類最初の長寿社会を現出し、世界中から注目を集め、憧れられてもいる国になっているのですが、先述もした通り、このような社会がはらむ深刻な難題にどう対処したらいいかの処方箋が、日本人の手でまだ書けていない状態です。もちろんカントも書いていないし、ヘーゲルもそんなことは考えていません。さらに言えば、お釈迦様もイエス・キリストも人間がこんなに長生きするなんてことは考えていなかったと言っていい。しかし、実際それは起こってしまった大問題なわけです。そうすると、人間、いったいいくつが適正年齢なのか、それを越えた人はどうやって残りの人生を生きていけばいいか。動けなくなったり、意識さえもなくなったたくさんの老人たちをどう社会的に扱っていくか、というテーマについては難題すぎてまだ誰も考えていないわけです。

トリアージュと言って、戦争中の野戦病院で差し迫って突き付けられた問題、次々に運び込まれてくる負傷者のうち誰を助けるべきかといった難題と交わるほどに厄介極まりないテーマなのですが、いずれ考えていかざるをえないでしょう。このケガでは今治療しても助かる見込みはないから手当しない、このケガなら助けようというふうに、次々に運び込まれてくる怪我人を見たとき、瞬時に重症度によって分けなければならないトリアージュというのが、このままいけばいずれ避けて通れなくなるということです。

私は、最近は老人ホームで主に暮らしていますが、まあ自分のことは差しおいてですが、この人はもうすぐトリアージュしてあげた方が本人にとってもよほど幸福なのではないかと思える人がどんどん増えてきています。家族や親類、知人らの眼差しにも、まだ生きてんの？　といった冷ややかで辛そうな影を感じることも多々。私も、もう少し長生きすれば間違いなくそうなるに決まっていますが、このように、ただ何となく生き延びている人たちに公私共にものすごいお金とエネルギーをかけて面倒みていくという今の社会体制が果たして維持しきれるのか、が大問題なのです。遠からず国家財政面でも立ち行かなくなるはず。人の命はどんな状態になっても無条件に尊い、といったキレイごとの建て前論だけでは処方箋が書けない時代になっている、という認識に立った生真面目な思考と議論が求められているのです。

この問題一つとっても、これまで人類が経験したことのない問題に解を出すのは至難のワザですが、他にももはや待ったなしの地球環境問題や、グローバリゼーションなるものから新たに生じてくる民族・宗教問題等に見られる諸矛盾が人類社会に噴出しています。こういう大問題、大テーマこそ、他ならぬ日本の文科系の大学がやらないとだめなんです。ところが今までのように、カントはこう言った、デカルトはこう言ったとか、マルクスがどうのこうのと言った学問・研究、あるいはお釈迦様やイエス・キリストの説教や足跡を調べる訓詁の学問ばかりでは、今やどうにも現実性《リアリティ》が乏しい。

私は今日の文学部のあり方についても、去年慶應義塾大学文学部創立百二十五周年記念の会に呼ばれて講演した際、今のままの文学部ならつぶすべきだとまずは述べた上で、しかし私の考えるような文学部は、今後、大学の中心、大学の魂にしなければならないという話をしました（八七頁〜「三二」参照）。

大学というのは本来人間いかに生きていくべきかを考える学問を中心にすべき存在なのです。西洋中世の大学というのは全部そうだったんです。お坊さんやお坊さんの卵たちが、何が正しいか、何が神の み旨《むね》にかなっているかを考えたり、語り合う宗教学が大学の中心でした。有名なボローニャ大学ももちろんそうです。そういえば日本でも天台宗や高野山、浄土真宗、日蓮宗などもみんな大学を持っていて、どの大学も少なくとも創立時は、人間いかに生きるべきか、わが教団の信徒は何を大事に生きるべきかが最大のテーマだったはず。それが現状では、大正大学とか駒澤大学とかのように大きな規模の大学になっていますが、創立時の魂はどうなっていることか。キリスト教系の大学も含めて、今の日本の大学というのはおしなべていかに金儲け、経済、科学技術進展に役立つかどうかが最大のテーマになってしまっているのではないか。だから文学部をはじめ人文系の学部は縮小するか、無くして理工学部中心、理工系あるいは理工系のみの大学に再編成していくべきだといった議論が横行している。そうすれば、理工系のノーベル賞受賞者がもっと増えて経済発展に弾みをつけていけるなどとも。思えば、ノーベル賞自体も、たしかに経済主義的観点からの受賞者決定が目立つようになっていますね。

そんな日本と世界の大勢の中で、私はかなり昔から、大学というのは人間いかに生きるべきかを考え、研究する活動を中心にすべきだと言ってきたし、人として生まれてきてなすべき一番大切な仕事はそのことに尽きると力説してきたつもりです。つまり、ホモ・フィロソフィクスを育成し、輩出することがなによりも求められているということ。『人にはどれだけの物が必要か』（一九九四年飛鳥新社より初版刊行）に書いた文を引用すれば、「人間とは何か、私たちが幸福に生きてゆくために何がどれほど必要かなどを本気で考える人」、「人類の未曽有の繁栄と、それがもたらす地球環境への壊滅的な影響というジレンマに正面から取り組む思想家」という意味です。

今の日本にはホモ・エコノミクス（経済人）とホモ・ファベル（技術者）はたくさんいるけど、ホモ・フィロソフィクスは殆どいません。私がこの本を書いた時より、「地球環境への壊滅的な影響」が一段と深刻化している今こそ、ますますホモ・フィロソフィクスの輩出が求められるし、そのためにも大学文学部の自己刷新と役割強化が迫られているのです。目先の実用性の観点からのみ云々される文学部廃止論など笑止の沙汰と言わねばなりません。

自虐的な自国観からはそろそろ卒業を

先述もしたように、日本はユーラシア大陸の文明のおこぼれを有難いことに海という私の言う「半透膜の障壁」によってフィルターをかけ、毒抜きをしながら受け入れ続けて発展してきた国です。日本と大陸の間の海というのは、イギリスとフランスの間のドーバー海峡とも、ハワイが位置している場所とも違って近すぎるわけでもなく、また遠すぎることもない。近すぎないので簡単にしばしば行き来はできない。対馬などの島を除くと二百五十キロはあるのでそれなりの距離です。しかも、台風とかの悪天候の度に海が荒れるので渡海には困難がつきもの。なので、遣唐使、遣隋使の船はしばしば難破していた。だから高級貴族の息子、金持ちの息子はだいたい遣唐使、遣隋使には行かなかったのです。そうした連中は無理しなくてもエリート人生を歩めたから。一方、下級貴族や貧乏僧侶の息子は運命をかけて応募して、もしもうまく帰ってくると大変な出世ができた。

ここで私が言いたいのは、向こうの大陸の国が日本を攻めようと思っても、国境がないどころか海が隔てる距離が相当にあるため簡単にはできなかったということであり、元寇というのが歴史上唯一あったけど、これも神風が吹いたということで失敗に終わっている。博多とかはひどい目にあったようだけど、長期にわたって占領されたわけではない。このように、日本は外国の軍隊によって国中を荒らされるというのは絶えて無かった国です。幕末から明治維新にかけての混乱期にも外国軍が国内をひどく荒らしたことはなかった。

唯一例外的に経験したのは「大東亜戦争」敗戦時で、あのときに日本は歴史上初めて外国の軍隊に占領されたという次第。それによって日本はものすごいショックというかトラウマを抱え込んでしまい、以後日本はよくない国だと日本人自身が思い込んだり、日の丸は軍国主義と結びついているからということで、お祭りのときにも出さないという風潮まで広がるようになりました。自虐的な自国親というのが幅をきかせるようになった。日本人は、外国や他民族に占領され、強姦され、略奪され、火をつけられるという悲惨な歴史を数千年にわたって経験してきたタフなドイツ人等と違って、外国は憧れの的であり続けただけに、戦争に敗けて占領軍がやってきてもこれを憎むという発想になれず、むしろ敗けた自国を嫌うという方向に流れたのでしょうね。だからアメリカをとことん憎んで闘うという人間が殆ど現れなかった。ドイツ占領時にはアメリカ兵がずいぶん暗闇などで後ろから殺されたりしたようだが、日本ではあくまでも公式発表でのことだが、占領七年間の間にそうした事件は皆無だったことになっています。多分ゼロということはなかったと思いますが、いずれにせよ件数としては微小だったはず。世界中の歴史で、こんな占領ってないですよ。

つまり日本人は、日本を占領した国を恨まない。原爆は落とす、艦砲射撃はやる、東京下町空襲から山の手空襲等々、アメリカはとんでもなく暴虐な数多くの国際法違反の戦争行為を日本に対してやりまくったにもかかわらず、日本人はそれらを根に持った形跡が殆どない。原爆など、あの段階では日本が敗けると百パーセント分かっていたのに落とした。しかも広島の一発だけでなく、二発目を長崎にも。これなどはどうみても完全に余計なのに、タイプの違う原爆の威力を試してみたということ。また落とす地形が広島は平らだが、長崎は山や谷が多く、その効果の違いも調べてみたかったということでしょう。そんな許しがたい理由で、切迫した必要もなかったのにアメリカは日本に二発の原爆を落としたのです。戦争を早く終わらせてアメリカ軍の死傷者を減らすためなどというのは大嘘です。結局は原爆研究開発チームを含めて、アメリカ国内の日本憎しの不満を抑えるために二発も落としたということで、戦争犯罪の最たるものと言わねばならない。にもかかわらず、日本人の殆どはアメリカを憎むことなく占領を唯々諾々と受け入れていったのです。世界史上最大の謎の一つと言ってもいいくらいに不思議な現象でしょう。

今の若い人たちについて、ある大学で調べたのですが、十二月八日は世界の歴史が大きく変わるような大事件が起きた日だけど、何だと思うかと尋ねたところ、ジョン・レノンの死んだ日と答えた人が圧倒的に多く、真珠湾奇襲攻撃の日と答えた例は殆どなかったとのこと。つまり学校じゃ教えないし、周りの大人たちも語らない、またテレビや新聞等でもあまり伝えないということの結果でもあります。この攻撃は間違った戦争の第一歩との見方が強いけど、しかし、あれは人類の歴史を大きく変えた戦争の始まりでもあったのです。「大東亜戦争」、あの日本が起こした戦争というのは、大変な犠牲と損害を伴ったけど無駄じゃなかったという面もしっかり見ておかねばならない。それはあの戦争がきっかけとなって世界から植民地と奴隷がなくなったのですから。こういうことを言う人間は殆どいないだろうけど、これは結果として実際そうなんです。それまでは大英帝国が世界中に植民地を持って我が物顔でふるまっていた。私が小学生、中学生のころ、地図を見ると世界は殆どピンクなんです。大英帝国の主であるイギリスの島がピンクだから、カナダもオーストラリアも南アフリカもニュージーランドもインドも全部ピンクでした。世界の三分の一が大英帝国で、ユニオンジャックが世界中にはためいていたのです。戦争の初期、その大英帝国の軍を日本がマレー半島等でぶっ潰したのであり、フランスもやっつけてべトナムを植民地から解放し、オランダからインドネシアを独立させた。インドが独立したのも、ガンジーが一生懸命に糸を紡ぎながら行った無抵抗運動が決め手になったというより、日本に逃げてきたチャンドラ・ボースとビハリー・ボースという二人のボースが、日本がマレーを占領したときにインド独立軍というのを編成して闘ったことが大きかったのです。

とにかくあの戦争というのは、たしかに戦争である以上、様々な悪はあったけれども、人類の太古のころからあった奴隷制、つまり他の民族を征服してその人たちをただ同然の労働力として酷使するという制度を無くすきっかけにもなったという大変な事実は認めなければならない。だからといって別に威張る必要もないけど、事実は事実として知って、歴史と向き合わなければならない。そもそもが日本の領土拡張戦争が悪だというなら、イギリスもフランスもスペインもオランダも、どこもかしこも何百年と領土拡張戦争をやってきたわけで、なぜ日本だけが彼らから責められなければならないのか。

ヘンリー・ストークスというイギリスのオックスフォード大学を出て、日本に新聞記者としてやって来て五十年という人物がいます。この人が最近本を書いたのですが（『英国人記者が見た連合国戦勝史観の虚妄』二〇一三年、祥伝社新書）、それがとても面白い。ヨーロッパ、アメリカ、特にアメリカに日本を道義的に責める理由は一つもない。むしろそれは自分たちがやったことと同じことをやったに過ぎないのに、なぜ日本の場合はいけないのかと言えば、白人じゃないからだ、白人は神に近いからいいが、有色人種はサルに近いから許されない、そんな心理が働くことが理由なのだということをちゃんと書いてある。またヘレン・ミアーズというアメリカの人類学者は、日本とアメリカの戦争を比較して、実は日本がやったことはアメリカがやったことを真似したに過ぎない、日本が悪いと言ったら、アメリカはもっと悪いんだと堂々と書いているんです（『アメリカの鏡・日本』伊藤延司訳、二〇〇五年、角川 one テーマ21）。外国人からもそうした公平な見方が出てきているのですから、日本でもそろそろ自虐的な歴史観は卒業しないといけませんね。

近代的な「洋才」と古代からの「和魂」の二重構造が日本文化の特長

私は、日本語を世界に広める、日本語、日本文化が持つタタミゼ効果で世界を変える、ということを最近言い出したんだけれど、それを日本語の先生に納得させるためには、まず二十世紀前半における当時の世界情勢において、日本の戦争が必ずしも悪いばかりではなかったということを知って、自虐史観、極めて萎縮した日本観から解放される必要があると考えるようになりました。

そもそも明治以後日本はなぜ軍国主義国家になったのかと言えば、それまで千数百年、四つ足の動物を殆ど食わないという草食型の民族が、ヨーロッパ文明に切り替えたために、動物食をする、つまり生きるために他の高等動物を殺さなきゃいけない文明への転換を強いられたからです。日本は、他の哺乳動物を基本的に殺さないで数千年生きてきたのに、ヨーロッパのようになるためには殺すことを厭わない、つまり喧嘩型の文明に移らないと独立を保てなくなったのです。福沢諭吉の「脱亜入欧」論もそうした時代趨勢の中から提起されたのですが、それは単に文明をシナ文明から西欧文明に変えよと言っただけでなく、結果的に、実は日本人の基礎体質を変えなければならないといった提言でもあったのです。

「やれ打つな 蠅が手をする足をする」（小林一茶）とか「朝顔に つるべ取られて もらい水」（加賀千代女）といった蠅や朝顔にまで優しい精神の日本は、そのままでは立ち行かなくなるから感性まで含めて欧米型に切り替えなければ生き残れないという主張。こうした基礎体質の急激な欧米化を急ぐことによって、日清戦争、日露戦争、シベリア出兵、満州事変、盧溝橋事件等々というふうに、戦争に次ぐ戦争の時代へとのめり込んでいったのですが、この発端はと言えば、日本もヨーロッパのようになりなさい、さもなければ植民地になるよ、という欧米からの有無を言わさぬ脅迫（至上命令）があったからに他なりません。

私は、日本は鎖国のままでいればよかったのに、と本心からそう思っています。というのも鎖国という国のあり方の最大の利点は戦争しないことです。よその国と貿易をしないし交流もしない、相互の旅行もしないのだから戦争などできるわけがない。だから世界中が皆で、いちにのさん（一、二の三）で鎖国をすれば、世界から戦争はいっぺんでなくなるんです。しかも日本はまさに二百二十年近く鎖国をしたという赫々たる実績があり、その間外国と戦争は一度もしてしないのだから、これからの新しい世界での旗振り役を務める資格が充分にあるのです。このほぼ同じ時期にあたる二百二十年の間、ヨーロッパでは様々な国がまるで競うかのように戦争をうんざりするほどやり続けています。戦争がなかったのがわずか三年で、あとの二百十余年は戦争と言ってもいいぐらい戦争をしていた。そうした戦争中心主義の、力こそ正義なり、というヨーロッパの論理で生きなければ植民地にするぞと脅されて、しょうがない、ならば草食獣的な平和・鎖国主義はやめて肉食獣的な侵略・戦争愛好国家への変身を無理矢理にでも遂げますよ、としたのが近代日本の姿だったのです。

だから日本の近代化にはすごい悲劇性があって、非西欧の国々の中で日本だけがなぜ欧米による暴虐をくぐり抜けて独立を保ちえたかと言えば、日本が相当な無理を重ねながら欧米文明に乗り換えたからです。結果として独立は維持できたのですが、この無理には当然悲劇の匂いがつきまとっているという次第です。いずれにせよ日本は、文明のパラダイムシフトを自ら行ったわけです。しかし同時にそれは日本人が世界から見れば好戦民族に変わったことも意味します。

このように形の上では日本は富国強兵・殖産興業というふうに欧米化の道を突き進んでいったのですが、しかし一方では、和魂洋才というのも大事にされてきたのが近代日本でもありました。見かけは西洋だけど、心は大和魂。日本人の魂は失っちゃいけないという意識がなんとか残ってきたんですね。実は、日本のこうした二重文明性が今も生きているのです。現在は、世界中の有力な国は全部欧米型であり、ヨーロッパ言語です。中国語も日本語よりもヨーロッパ言語に仕組みが近い。

産業革命以後の要するに近代的な工業生産と市場経済を日本はしっかりと導入・定着させながら、かつ欧米人が理解できないし、評価もできない、変なものがあり続けてきたのです。ですから彼らの間には、日本特殊論というのが以前からあったし、今後も言い方は変えても唱えられ続けることでしょう。日本は結局のところヨーロッパ、アメリカになりきっていないではないかというふうに。

これに対しては、なりきってたまるか、俺たち日本は違うのだって堂々と宣言することが大切ですね。二枚腰・二重構造だから日本は格別な存在理由があるのだと。有名な文明評論家の加藤周一さんは日本文化雑種論を唱えたけれど、私はちょっと違うと思います。「雑種」と呼ぶのにふさわしいのは、たとえばメキシコで、この国は雑種。つまり、オリジナルの古アジア系のマヤ文明、アステカ文明と外来のスペイン文化が混然と一体化して、スペインでもないけどかつてのマヤ、アステカでもない独特の面白い中米雑種文化が生まれたのです。メキシコの音楽や美術にその雑種性が顕著に見られるでしょう。これに対して日本は、表向きは西洋だけど心の中、文化の深層は日本独自という二重構造なのであって、雑種のように入り混じっているわけではない。だからちょっと前までは、みんな外では洋服を着ても、うちへ帰れば男は着物で羽織袴、夏には浴衣や甚平というふうに使い分けていたのです。最近は西洋化が進んでしまって家でも洋服の日本人が増えているかもしれませんが、いずれまた着物文化が復活する可能性はおおいにあります。すでにこれまでも一度廃れた古い日本の文化要素が地下のマグマが噴き出るように復活する例はいくつもあるのですから。和魂洋才のバネは、いざとなれば強靭だからです。なぜか。和魂は日本語とともに古代から連綿と継承されてきたものであり、日本語が滅びないかぎり和魂も健在だからです。つまり、近代的というより、近代的な「洋才」と古代からの「和魂」の二重構造、二枚腰こそが日本文化の特長なのであり、だから強いんです。

　これが、日本人の中からなぜノーベル賞受賞者がたくさん生まれるのかの秘密でもあります。近年の国別の受賞者で言うと、日本人の受賞者数はアメリカに次いでなんと二番目。そのアメリカ人からすれば、英語がロクにできない日本人がなんでノーベル賞に、と不思議でしょうがないのです。あの授賞式で毎年のようになされるスピーチで、日本人受賞者の殆どは、My English is poor. とか何とか言って、

I mean …あの… なんていう、泣きたくなるような英語で挨拶するのですが、英語ができないやつは一人前の人間じゃないと固く信じているアメリカ人からすれば、これは信じがたい光景なのです。ところが日本では幼稚園から大学院まで日本語という言語で全ての学問を学び、研究できるのですからなんの不思議もないのです。そして、それがなぜ独創的な研究につながるのか、その秘密を解明しなければ、と私は言っているわけです。(『日本語の科学が世界を変える』松尾義之、二〇一五年、筑摩選書、がこの点で私と同意見で興味深い。)

で、その秘密は簡単です。英語、ロシア語、フランス語、ドイツ語等は、ヨーロッパ・キリスト教の影響が大きく、欧米人は国が異なっても、人間の深い基本的な世界観は一緒だということ。これに比べて日本人は、浅いところは欧米型で、洋食も好きだし、洋服も着ていて、一見欧米人と似ているように見えるけど、深いところや世界観は、まだ欧米的ではありません。そしてオリジナルな研究というのは実はそこでやるのです。後から習った英語、浅いところでの学習では画期的な研究はできない。つまり幼稚園から大学院まで、日本語というヨーロッパ語じゃない言語でなにもかも学び、研究できる日本人が、欧米とは違った学問・研究、欧米に対抗できる別の文化や人間のあり方を示すことができる可能性の証明でもありますね。ですからこれからは、日本独自の研究や文化、日本語でなされる研究や学問をもっともっと強くしていく必要があります。なぜならヨーロッパ的なもの、アメリカ的な文化はもはや行き詰まっているからです。

ヨーロッパが今あらゆる点でみじめな状態にあるのは明白でしょう。冷戦が終わって、ソ連が崩壊して、ロシアももう駄目かなと思っていたら、ぬくぬくと一周遅れのトップランナーよろしく躍り出てきて、ウクライナから力づくでクリミアを取るなど、国際法無視の勝手なふるまいを強行。一方中国も、俺が関与しないで作られた国際法なんて紙切れだ、とばかり南沙諸島を取るなど、一～二世紀前の大国主義丸出しで世界を攪乱し始めています。こうしたロシア、中国のふるまいに対して欧米の抑止力がきかなくなっている。とりわけヨーロッパは、ＥＵがイギリス脱退の動き等で瓦解の危機に直面して身動きとれなくなっているし、世界不安定化の元にもなっている。アメリカも国内矛盾の激化等で往年の、よくも悪しくも第二次大戦後の世界秩序護持国としてのリーダーシップは保てなくなってきているのが現状。

また、そこにもってきてイスラーム圏がイラク、シリア等で大混乱の様相を呈しており――この大本はオスマントルコ末期からのイギリスとフランスの策謀と介入がもたらしたものだが――これまた世界不安定化の震源地になっています。

リーダー不在の世界――日本にとって血湧き肉躍る時代の到来

このように、今やどこを見ても世界は混迷のカオスに呑み込まれつつあり、今後の世界をどう方向づけるのか、を提起できる存在が見当たらなくなっているのが現状なのです。そこで私が言いたいのは、今こそ日本の出番だということです。日本はかつては中国の背中を見て、そのマネをしながら走り、明治になってからはヨーロッパの背中、そして敗戦後はアメリカの背中を見て、なんとか追いつこうと懸命に走ってきたのだが、気がついてみたらいつの間にか先頭に立っていて、その途端に国家目標が分からなくなってしまっている状態だが、私に言わせれば、そんなことはない、今こそ日本にとって血湧き肉躍る時代だということ。もうヨーロッパの言うことを聞く必要はないし、アメリカのマネをする必要も全くありません。日本が世界に向かって、日本の長い歴史と独自の文化・伝統をベースに、今や人類にとって差し迫っている長寿社会化問題や地球環境問題、さらには戦争・テロ問題等を根本から考え、解決策も提案できますよと名乗り出る時節が到来しているということ。これが明治時代であれば、日本はとてもこんなことを言えなかったけれど、今なら言えるし、言わなければならないということでもあります。

その場合、欧米に向かっては、まず日本もあなたがたと同じ西洋文明ですよと言っていいのです。キリスト教だけはさすがに日本では広がらないが、しかし明治初期に天皇制と神道を合わせて疑似絶対神を案出して天皇を神だとしたのは、西洋文明の柱であるキリスト教から学んだ面もあること、また日本人がクリスチャンになる割合は低いとしても、キリスト教そのものへの反発は殆どないこと（鎖国・禁教の時代が長かったにもかかわらず）も伝えていいのです。なぜ反発しないのかと問えば、日本人の宗教観の核心が一神教と違って多神教だからです。アニミズムですね、根本はキリストでも釈迦でもなんでもいいんです。つまり人間よりも尊いものには頭を下げる。日本には昔から本地垂迹説があり、本地である仏・菩薩と垂迹である神道の神々は同一視されてきたことからも分かる通り、個々の宗教の違いにはあまりこだわってこなかったのです。さらに言えば、人間も他の動物も草木も命の根は一緒であり、みんな繋がり合っているという世界観、生命観が共有されてきた。万物流転、輪廻転生、草木国土悉皆《しっかい》成仏、天地同根といった考え方が日本人の心の深層には宿り続けてきたのであり、自然の営みへの畏敬の念も自ずと強かったのです。人間の力の及ばない、不可思議なるエネルギーがこの世界、宇宙にはみなぎっており、それが宗教的な形をとると、お釈迦様になったり大日如来になったり、キリストになったりすると感受してきたのです。

ですから日本人が、ハロウィンやクリスマス、バレンタインといった主には欧米系の元々は宗教行事であったお祭りに大騒ぎするのも、コマーシャリズムに利用されてる面もあるに決まっているけど、それにとどまらず興味深いのは、日本人の心の中が多神教的であることの現れなんだということ。そして、これが一番いいんです。なぜか。一神教というのは、不寛容、闘争的な宗教であり、俺が正しいと思う徹底した自己中心ですから、周りの他の信仰を持った人間はみんな正しくない悪魔なのです。で、悪魔となれば滅ぼすべきとなる。火あぶりにしてもいい。その結果、キリスト教の歴史、愛の宗教といわれるキリスト教の歴史というのは、三世紀あたりから異端狩りと虐殺の歴史だったと言ってもいいくらい。異端とされたコプト教会、アルメニア国教会、エチオピア国教会等がひどい目にあってきた。なかでも一番ひどいのは中央アジアに追われたネストリウス派という宗派。この派はシルクロードを通って、唐の都長安まで来ていたのですが、日本の遣隋使、遣唐使が長安に行ったときに、このネストリウス派と接触もしているのです。漢字で書くと景教だが、この景教寺院が当時の長安にはたくさんあった。日本のインテリはみんな昔から好奇心が旺盛だったようで、当時景教寺院ものぞいて、そこにいた人々と交流したのでしょう。

そして、それが最も強力に伝わったのが日蓮宗。なので、日本の仏教の中でも日蓮宗が一番戦闘的で、一神教的。ですから創価学会というのは、今は随分大人になって落ち着いてきたけれども、一時期は軍隊組織でもって野球場を借りてブラスバンドに合わせて示威行進をやったり、隣の人を寝かさないで折伏して創価学会員にするとか狂信的で、あれは仏教とはとても言えなかった。仏教というのは基本的に自分が救われることが大事なのであり、他人はどうでもいいんです。一番わかりやすい例は達磨という坊さんが、岩の上でこうやって何とか悟るように三十年座していたらしいが、ついに悟った、万歳！という心持ちで立ち上がろうと思ったら足が腐っていて立てなかったという話。極端かもしれませんが、これが仏教という宗教の本質を示していると言っていい。自分が悟ることが大切で他者はどうでもいいのです。

ところがキリスト教は人が気になってしょうがない宗教。だからアメリカ・インディアンはキリスト教じゃないし、いくら教えてもキリスト教を受け入れないとなると神様がカンカンに怒ってるからと、インディアンを皆殺しにしても当然といった論理にもなる。これがアメリカ建国の精神でもあり、Manifest Destiny だということ。アメリカは世界を支配する役割を負っているのであり、これは明白なる天命でもあるというふうに。すべてがお手盛りで、誰もそんなこと頼んじゃいないのに、世界各地で火をつけては戦争を起こしたがる。独善の極みですね。

こういうキリスト教がベースになって築かれているヨーロッパ文明というのは、神に似せて作られた人間が最高だという考え方に貫かれています。人間だけに知能があり、人間だけに言語がある。他の動物は言語も知能もないのだから人間に仕えて奴隷になり、人間を支え、人間が食べることができる種は食料にもなるべきだという考え方。これに対して日本は先述した通り輪廻転生が基本で、今日私が死ぬと二〜三年後には練馬大根の葉っぱになっているかもしれないみたいな考え方を日本人はなんら違和なく受け入れられるわけです。輪廻転生というのは日本人の感覚に今も根付いています。そして自然に対する親和と畏敬の念も極めて強い。例えば私の家《うち》の塀を作るときに樹木を切る必要があるので植木屋さんを頼んだら、二本の檜を切らなきゃいけないということで、しめ縄を張って、お神酒をくばり、祝詞をあげて、木の霊に「すみませんが、この家のオヤジが塀を作りたいというので勘弁してください」と、当時子どもだった私まで一緒に拝んだものです。そんな気高いこと、アメリカ人は絶対にしませんよ。

私は、こういう日本文明を広げて世界の荒れた現状を少しでも変えるために、日本語を広め、日本文化を広めて、日本文化の持っているタタミゼ効果が役に立つ時代にしなければ、と本気でそう考えているのです。日本語を学ぶと不思議なことにマッチョだったジョン・レノンみたいな男も、なんとなしに紳士的になって「すみません、足踏んだんじゃないでしょうか」とか、「いつぞやはありがとうございました」と言えるように変わることが充分ありうるのです。またいつも「おかげさまで」といったことばを添えることもできるようになる。ある意味では、いい加減といえばいい加減な感じもあるけど、それが本当の意味で素晴らしくいい加減に世界を変えてゆく可能性を秘めているのです。これに関連して言えば、日本では喧嘩というものが少ない。知り合いのヨーロッパ人留学生がいつも言うんですけど、日本に何年もいるが、街で殴り合いを見たことがない。フランスだと、しょっちゅう殴り合いの喧嘩があって黒山の人だかりになっているケースが多いのに、と。

しかも日本には黒白をはっきりとつけたがらない文化がある。裁判もそうです。日本の裁判というのは示談を裁判所が勧めることが多いということで国際的な評判はよくない。裁判は白黒をつけるためにあるのだということでね。ところが日本人は、白黒つけるとしこりが残るから可能な限りそれを避ける傾向が強いのです。交通事故のときも、轢いた方が悪いけど轢かれた方もきっと赤信号を無視したんじゃないかとか言って、七三とか五分五分とかで円満解決を図ることが多い。私は、これからは世界中にこうした考え方、紛争のさばき方が広まると、世界平和が一挙に促進すると確信しています。

私は、日本は戦争しない、武器を持たない、原爆等の核兵器を持たないという戦後憲法の大原則に大賛成。ただし、この大原則を現実のものにするには具体的な方策が不可欠で、それが私の言うタタミゼ効果なのです。タタミゼを世界中に広めて、世界中をとりあえず「ギスギス」でなく「ふにゃふにゃ」にしてしまうことが切実に求められているということです。

そこで今私が思いめぐらしているのは、獅子身中の虫ということばです。ものすごく強いライオンと虎をローマのコロッセウムみたいなところで闘わせて決着をつけるのではなく、獅子が寝ている間に耳の中に一匹の小さな虫がこっそり忍び込んでいって、体の内側から作用を起こして、獅子が昼寝から覚めると、いつの間にか「俺、なんか元気なくなったな、喧嘩が嫌になってるな」というふうに和ませていく戦略。これがタタミゼ効果で、世界中の日本語学習者や日本文化接触民に実際しばしば起こっている現象です。この現象をもっと大規模に起こし、広げていく必要がある。ジョン・レノンのように、できるだけ受講者たちをタタミゼで、ふにゃふにゃにして、世界平和の流れを強めていくのです。

デウス・エクス・マーキナ方式にならって世界に発信を

ここで思い起こすのは、古代ギリシャなどでの面白い事例です。私は長い間ギリシャ語も大学で教えていたから知っているのですが、デウス・エクス・マーキナという古典劇の終り方の面白い方式がありました。デウスというのは神様。エクスは「により」の意味、マーキナはマシーン、機械です。古代ギリシャなどでは古典劇がしょっちゅう行われていたのですが、作家が観客の受けを狙ったり、あるいは自ら面白がったりしてどんどん劇の筋を複雑にするという習わしもあった様子。そうすると作っている作家自身にとっても結末のつけ方が分からなくなることもしばしばあった。で、作家は筋がこんがらがって収拾がつかなくなって困るし、観客は観客でハラハラドキドキしながらも疲れてきたりしていると、突然神様がすーっと針金でできた機械で下りてきて、「終わりじゃー」と厳かに宣《のたま》うと、そこで劇は唐突だが本当に終わり。神様が言ったならしょうがないということで、みんな心底から拍手して大団円で終わったとのこと。これが神様による機械仕掛けの終了宣言。

この古代ギリシャの事例に事寄せて、私は、日本は、今こそ、このどうにもこんがらがっている世界に向かって、あらゆる戦争は終わりじゃーと、デウス・エクス・マーキナの方式にならって宣言し、それを実際に実行に移すタタミゼ戦略を提案できる立場にあるのではないかと密かに思い、確信を深めつつあるところです。これは、もしかしたら単に私の妄想でしかないかもしれませんが、しかし、妄想だという人たちにも問いたい。今のような世界中の愚劣すぎる政治・外交状況を見ていると、世界と地球のあまりに深刻な危機的状況からして、人類は長くてあと三十年で大破局を迎えることが必至だが、そのような切実な認識を持ち得ているのか、と。大胆に発想を転換しないかぎり、ノアの洪水前夜の危機を無為のままやり過ごして、気がついたときは致命的な手遅れになりますよ、と。世界規模での爆発的な人口増、そして異常気象の日常化と「記録的」自然災害の多発もその前兆だし、これは私だけでなく世界中の心ある科学者たちの共通認識になっているはず。政治家には残念ながらそういうまともで聡明な人材が見当たらないけど。

政治・外交の現状を見ると、パリ議定書が最近発効したようですが、あんな生ぬるい温暖化対策ではどうにもならず、本当に絶望的。もっと徹底してエネルギー乱用を制限し、経済活動、消費水準を下げる方向（下山の時代の哲学、戦略、生き方）を明確に打ち出していかないと取り返しのつかない事態になってしまいます。もう実際相当なってしまっているのですが。

そんななかで、私がやっていることなどタカがしれていますが、それでも多少の強みは、私が三十年、四十年ともう実行してきたことが少なからずあるということ。今住んでいる老人ホームでも電気は極力消すようにしているし、クーラーの温度も下げるよう働きかけています。また、衣類や電気製品等は、「捨てない、買わない、もらってくる」を貫いてきました。このことはすでにあちこちで喋ってきているので割愛しますが、唯一点だけは繰り返しておきましょう。それは、羊一匹を殺して作る毛皮とかの製品を十年使うか一年しか使わないかで、大気汚染の度合いは猛烈に違うということ。オーストラリアの羊が増えるか増えないかで大きく異なるのです。なぜなら、羊のゲップとおならは大量のメタンガスを出すから羊は増やしてはいけない動物なのです。私の実践例でいえば、うちの家内が私と一緒に学生のころ恋愛関係にあったときに、私がなんで惚れたかと言うと、彼女がプリンセススタイルといって腰のほそーい締まった毛のオーバーコートを着ていて、それが美しく見えたからなのです。実はそれは彼女の母親が一九三〇年にパリで外交官夫人として作ったものをちゃんとクリーニングして大事にとっておいて、それを二十年後にうちの家内が着たという次第。しかも、それで終わりならたいしたことないけど、その娘のうちの長女が慶應大学国文科の学生のときにもう一遍二十年後に着たのです。このオーバーコートを作るために殺された羊も三代にわたって何度も着てもらって、おそらく報われたのではないだろうか。

以上あれこれ語ってきましたが、現在の私が最終的に到達したのは、世界を人間の目、人間の立場からだけ見るのはもう止めようということ。人間もあくまでも地球上の生物の一種にしかすぎないのであり、動物と我々は仲間なのです。そういう観点に立って他の動物の目で人間を見るとどう見えることか。これがおそらく最高の自己客観化になるでしょう。

人類の中でも欧米人は、俺がこう思うということだけが正しい、と決め込む傾向が極端に強いけど、それは間違い。そうじゃなくて、他の動物、羊やウサギの目、さらには人間によって切り倒される樹木や朝顔のつるなどから人間を見ると、お前ほどひどいものはないということになるでしょう。これは欧米人には全く理解できない発想ですが、日本人であれば、まだ理解可能なはず。日本語と日本文化にはまだ古代性が生きているおかげで、世界を欧米人のように人間だけの独りよがりの高みから見る傲慢な悪癖から比較的フリーになれるはずだからです。知能があるのは人間だけで、ことばがあるのも人間だけなどといった考え方はとんでもない間違いだとお互い分かり合えるからです。

私の言語学では、鳥のコミュニケーションをうんと研究してきましたが、ヨーロッパの言語学ではそれは研究テーマにならなかった。なぜか。ヨーロッパ系の言語学者は言語を全て知能と関係づけるから、オランウータン、チンパンジー、ゴリラだけを研究してきたからです。これらの類人猿が人間に一番近い動物で知能レベルも人間以外では一番高いと思い込んできたからです。これに比べれば鳥なんて頭も脳も小さいし、人間と対比させて研究するなんてありえないと決めつけてきたからです。そういえば、birdbrain という英語は「バカ」という意味でしたね。事ほどさように鳥をバカにし、見向きもしないでやってきたのです。そもそも言語を研究する上で、脳を第一義的に云々するのは間違いで、一番大事なのは音声であるにもかかわらず、です。

この音声を模倣できる能力では類人猿はゼロに近いのです。サルはヒトの音声をまず真似できない。犬や猫、馬もヒトのそれはもちろんのこと、他の動物の音声の真似もできません。馬はモーとは鳴けないし、犬はニャオとは鳴けないのです。彼らには音声を真似する能力があらかじめ無いのです。

ところが鳥にはある。九官鳥を私は学生のころ一万円も出して買って、「オタケさーん」なんて言わせることから始めて、おなかが空いたら「えさ！」、水が欲しいときは「みず！」と言わせるトレーニングをしたものですが、「みず！」はなかなか言えなかった。時にはわざと水をやらないでいたら死にそうになって最後には「みずー」と言ってくれたときは嬉しくて飛び上がらんばかりでしたよ。他にも家にやってくる鳥たちを捕まえて飼ったり、買い求めた鳥も含めて子ども時代は本当に鳥たちと共同で過ごす時間が大半と言ってもいいくらい鳥とは仲がよかったのです。

そして、このような鳥との交わりを通して、私が最初に書いた言語学の研究論文が「鳥類の音声活動――記号論的考察」だったという次第。これが私の言語学の出発点になったのですが、今から思えば、鳥たちのおかげで私の哲学、言語生態学的思想の第一歩にもなっていると言えますね。あらためて鳥たちに感謝したい気持ちです。

この論文を書いてからすでに六十年の歳月が流れていますが、この間に東京・渋谷の家の周りはもちろんのこと、軽井沢の山小屋で見ることができる鳥も激減しています。その分、「人類の未曽有の繁栄」がもたらす「地球環境への壊滅的な影響」が一段と、どころか何十段も深刻化している現れですが、そうであればこそ、私はここで、まだ世界で稀に見る二重構造・二枚腰文明を保ち続けている唯一の国、日本の出番だと本気でそう考えているところです。日本はこれまで世界中から良いもの、優れたものをもらうばかりで発展してきた国ですが、これからはこの恩にお返ししていく必要があるということでもあります。

この滅亡危機が深まる一方の時代に、さすが日本人、人類最後の局面になって人類と地球を救う素晴らしい哲学と戦略を発信してくれたと言われるように改めて微力を尽くしたいと期しているところでもあります。

二　言語・文化の多様性とは環境変化から人間を守る緩衝装置だ
――日本古来の非戦の文化遺伝子を世界へ

今日は素晴らしい秋晴れの日曜日であるにもかかわらず、こんなにもたくさんの方が私の話を聴くために集まってくださってありがとうございます。しかも、今日は何か事情があるのでしょう、こんな小さなお子さん（＊仁衡かがりちゃん。小三）までがお父さんと一緒に同席してくれていますね。私は昔、小学三年生のときに中西悟堂という日本野鳥の会をつくった鳥の専門家、のちに文化功労賞をもらった偉い先生のところに母親にせびって連れて行ってもらったことがあります。当時この日本野鳥の会は生まれたばかりなのですが、その会にどうしても入会したいということでね。錚々《そうそう》たる芸術家とか学者、医者とかが多かった会に、小学生の私が入りたいというので、中西先生もびっくり仰天。でも趣意書には小学生はいけないと書いてなかったものですから、入会できないわけがないと言い張って入れてもらったのです。そうしたら、孝夫ちゃん、孝夫ちゃんと中西先生はじめ皆で可愛がってくれましてね。で、気がつけば、今や野鳥の会の最古参会員というわけです。そんなことを今思い出しました。このお子さんも、いずれ私を追いこすような言語学者になれるかもしれませんよ。本当によくぞ来てくれました。ぜひ今日の会を楽しんでください。

下山の時代のカウンセラーとして日本は最適任

それから先ほど冨山房インターナショナル社長の坂本さんからお話がありましたけど、四日前の今月十七日、千葉県船橋市のある会で話をさせていただいたのですが、その題が「下山の時代の今こそ日本の出番だ」。商店街の店主や中小企業経営者の方が多い会だと聞いていたものですから、山を下りるという話でいいのかという一抹の危惧がないわけではありませんでした。これからはモノが売れなくなる、経済成長なんてありえないし、あってはいけないというふうな話をされると皆さんお困りになるんじゃないかとちょっと心配もしていたのです。ですけれども口は便利なもので、そういうところはうまく目立たないようにして、でも大事なことはちゃんと話せた感じがしています。

これからは今までのように贅沢で物質的に豊かな未来があるということはもはやありえない。実は今、地球が大変なことになっていることからして、考え方を変えなければいけない時期にきている。でも、だからといって、皆でがっかりしたり、しょげたりする必要はない。登山そのものでもそうであるように、下山のプロセスは頂上めざして登るときとはまた違った楽しみや発見があるからです。しかも、世界の中で日本という国が一番山の降り方の見本になるような経験を歴史的によく蓄えてきた国だから、その点でも心配は無用。山を降りる、つまり今までのように今年よりも来年、来年よりも再来年というふうに発展、発展を目指してきた人類のあり方がもはや限界にきているのだから、これからは戦線を縮小していかなければならない。その際、実は日本という国が持っている財産、経験が世界にとって一番有用になる。だから日本は、これから世界の指導者ということばを使うと、ちょっと威張っているようなので、助言者とか相談員、カウンセラーのような存在になる役割を負っている。世界の行く手に関するカウンセラーとして、実は日本という国が世界中、国連加盟国が今では百九十三もある中で一番適任なのです。だいたいこんな話を一時間半ほどしたのですが、皆さん、本当によく聴いてくれましたね。

今までの日本の歴史というのは、過去においては古代の中国が我々の学問、政治、宗教等全ての面で先生だったのですが、近代になるとヨーロッパが先生となり、ごく最近は何でもアメリカとなった。今日のアメリカ、明日の日本という形がだいたい戦後の日本だったのです。けれども、もうこの方向に日本どころか世界の未来はないのです。今、新聞等メディアを賑わしている地球化、globalization というのは実体はアメリカ化ですが、それが実は地球、人類の滅亡を早めることにつながっている。人間どころか、この地球全体の生態系を破壊してしまうからです。地球と言っても物理学的な物体としての地球は人間が何をしようと今後何十億年もありつづけるでしょうけど、少なくとも私たちが美しいと思っている生態系、「人間圏」と言いますか、人間と動物と植物がかろうじて共存している現在のこの地球、これが今の globalization によって異常なスピードで破壊され、終末に向かわざるをえないのだということをなによりも事実として知らなければならない。

その上で、このこと自体は本当は悲劇なんですけど、それを変な言い方ですが、楽しみというかチャンス到来とばかり逆手にとって、そこに躍り出てですね、人類全体を「あっちに向かえ。こっちに行ったら破滅するぞー」というふうに方向づけする教導者の役割、教え導く役目が日本という国に課せられているし、それができるのが日本なのだと力説したい。そういう本を今私は書いているわけですが、その過程で最近新たに思いついたことが、「多様性」ということばについては二種類に区別して考えてみる必要がある、ということ。そのことを今日はお話したいと思います。

多様性というのは英語では diversity。地球には何より多様性が大事ということは近年ほぼ共通認識ができつつあるように思いますが、例えば言語。言語ひとつとっても、世界には六千ぐらいの言語があって、まさに多様。なかにはこんな言語あるのかと驚くほど変わった孤立した言語もあるし、色彩豊かな言語もある。それほどに多様な言語が現在急激に減りつつあるのは深刻な問題ですが、そのことは今はおくとして、動物でも、こんな動物がいたのかとびっくりするような動物がたくさんいますよね。

植物の中ではキノコも多様。日本は湿った風土ですから、世界でも小さい方の国であるくせにキノコがものすごく多いのです。私は自称キノコの専門家でもあって、山でシイタケを何年も木を切って乾かして栽培することをやってきました。山の毒キノコの見分けもちゃんとできます。いかにも毒々しいものが食べても無害で、非常にキレイでしとやかなおとなしいキノコを食べるといっぺんに二十何人も死ぬというのがありうることもよく知っています。ですから私は友だちに、「うちに来るとキノコ料理食わせるけど、僕に失礼なことをする奴は気をつけた方がいいよ。その料理で死ぬかもしれない」と脅すから誰も来てくれません。「なんかあの家へ行って変なもの食わされたら大ごとだ」と思うらしいですね。そこがつけ目で、みんなを招待しておいて誰も来なければ一番安上がりですむわけです。

今でもことばを武器として使いこなせていない日本

今日のテーマである「多様性」と言語学は実は猛烈に関係があるのです。というのはさっきちょっと申し上げた「日本の出番」ということに関してですが、日本の何が出番かというと、日本人が日本語で世界に向かって日本について語ることが、これからますます必要なのだということ。そのためには、日本人以外の人々に日本語を教えておかなければいけない。ところが現在世界中の七十五億の人類で、日本語の分かる外国人は何百万もいないわけです。英語が分かる人は何十億といるにもかかわらず。

その点では大英帝国というのはものすごい遠謀深慮をめぐらせて、世界支配のための実に大変な苦労を何百年とやってきたのです。結果として今は英語がないとその国に朝も夜も来ないという国がだいたい八十くらいもあるわけです。イギリスのあの小さな島で、シェイクスピアのころにはわずか四百万人くらいの人口の小さな国が、そのころと言えば日本は鎖国が始まった江戸時代、徳川家康の時代ですが、その当時は世界で英語をしゃべる人がイギリスだけのわずか四百万しかいなかったのです。それがあっという間に世界中に広がって、今では英語が母語である人間が四億くらいいて、それから英語がなければその社会が動かない、家では英語じゃない別のことばを喋っているけど、学校や役所、国家運営等では英語という国や地域を数えたら三十億くらいにもなると言われるようになった。わずか四百年足らずで世界中に英語を広めたのです。

私が日本語を世界にもっと広めて私たちの素晴らしい文化を日本語で分かる人を増やそうと言いだしてからもう三十年は経っているでしょう。そのころからもしも国をあげて本気でやってきていれば、もうすでに日本人以外に一億や二億の日本語理解者が生まれていたでしょうが、そうはなっていない。なぜか？　どうしたわけか日本人は、ことばというものを他者に自分の考え、生き方を分からせる道具としてとらえるという観点、伝統が、地政学的な理由もあって歴史的に欠落してきたのです。ことばというのはお互いがひそひそ語り合うためのものであって、相手を説得したり感動させるためのものではないという考え方が強かった。

福沢諭吉などが明治のころに西洋の先進国にはスピーチ、演説というものがあって、一人の人がたくさんの人を相手に自分の考えを喋っているが、日本にはそういう文化がないから、なんとか広めようと考えて慶應に演説館というのをつくった。この建物は今でも三田の慶應にあります。福沢はスピーチを一生懸命定着させようと努力したのです。明治のころはちょっとそれがうまくいくかなと思ったけど、しかしながら、だんだんダメになって、いつの間にか日本に演説というものがなくなってしまった。例えば内閣総理大臣が国民に向かって「今日本は危機です」とか「皆さん、助けてください。私も一生懸命やりますから」みたいな国民に向かって直接話しかけるスタイルの演説というのは日本には殆どないし、仮にやってみても今はたぶんうまくいかないでしょう。アメリカやフランス等ヨーロッパではみんなそうやっているのですが、日本ではＮＨＫのチーフアナウンサーかなんかが首相にインタビューするのを我々がテレビを通して聞くというかたちが今もってせいぜいですよね。リーダーが直接国民一人ひとりに語りかけるという伝統がないわけです。

このことと関係しますが、明治のころに日本はヨーロッパの大学の全ての学問を輸入したにもかかわらず、一つだけ輸入してないものがある。それが雄弁術とか弁論術とかいうものです。ことばをどうやってうまく使ってたくさんの人を感服させ、場合によっては宗教を広め、場合によっては戦争に国民を駆り立てるといった雄弁術。例えば、ローマの政治家カトーが「カルタゴ滅ぼされるべし」とローマの議会で煽《あお》ってカルタゴに攻め入るといった伝統がヨーロッパでは古来確立していた。ソクラテスの哲学は全部弁論術でした。イエス・キリストの山上の垂訓もそうです。

ヨーロッパの裁判もそうです。ユダヤ人の金貸しシャイロックが被告の胸の肉を切り取ろうとするあの裁判だって、結局は裁判官のポーシャがみんなを感動させるような提案をすることで裁判の流れが自分の方に有利になるという話。そういうふうに、話しことばを有効に使って学問する、宗教をやる、裁判をやる、戦争をやるという伝統が日本にはない。これはこれで日本らしいとも言えるのでしょう。ところが今の日本は、武器で闘う戦争はしないという不戦を誓った憲法を持っている世界で唯一の国です。どんなことがあっても武器で敵と戦うことをしない。これはこれで立派なことだと私は思っていますが、しかし、そうであればこそ、武器の代わりにことばを武器として世界と渡り合っていかなければならないにもかかわらず、まったくそうはなっていない。

だから尖閣諸島や竹島の問題なんかでも本当に日本はみじめというほかない。こういうときこそ国連などで首相が素晴らしい演説をして、各国代表らを笑わせたり、怒らせたり、泣かせたりして、最後には「なるほど日本の方が正しいな」と思わせるようアピールしなければいけないのに、日本の（当時の）首相は国連に行っても、中国の代表が日本を名指しして「日本は泥棒だ、尖閣諸島を盗んだ」と言ってるときに、別にどこの国とも名指さないで、ふにゃふにゃふにゃと一般論で正しいことは正しいとか、悪いことはやめましょうみたいな話しかしていない。こんな話に世界中の人が耳を傾けるわけがない。向こうが盗んだと言うのであれば、中国の歴史をうんと勉強して、あるいは、してなければ一夜漬けでブレインに聞いて、千年も前から知ってたような顔をして堂々と中国の非を鳴らせばいいのです。そうすれば国連では大喝采となるでしょう。ところが、昔から日本代表が演説するときは誰もいなくなってしまう。話がつまらないから。つまりは、ことばの力を有効に使っていないからなのです。

多様性とは地球という惑星の素晴らしさの反映

さて、多様性というのは、単純化して言えば、世界にはいたる所に見たこともないような綺麗な花もあれば、不思議な動物もいれば、変わった人間もいるということ。例えばアフリカで美人といえば、エチオピアのある部族では女の子の下唇の中にお皿を入れて、だんだんお皿を大きくしてゆき、最後には巨大なお皿を唇にはめるのです。そうすると唇が異常に出っぱってしまうんですね。これじゃ、とてもキスひとつできません。また夜寝るときお皿をはずすと、デレ～ンと唇が垂れ下がってしまうから、私たち日本人にはとても美しいとは見えない。でも、その部族では、それが美人なのです。

このように美の基準ひとつとってても極めて多様で、所変われば品変わるで千差万別なのです。それから、恥ずかしいという羞恥心も文化によってみんな違うわけです。そういう意味で多様性というのは、地球という様々な生命を育む惑星の素晴らしさの反映でもあるのです。地球は本来、風土的、環境的な多様性に富んだ星であり、その分、人間がどこでも人間であり続けるためには文化的にも多様でしかありえないのです。動植物の多様性も目下絶滅種が増える一方で危険水域にきていることは間違いありませんが、それでもまだ極めて多様です。同じく人間の言語も多様で、どの言語もそれぞれに違うのです。それぞれ違った環境条件を持つ地球の至る所に分布を広げた人間という動物は、言語を含む文化を土地に合うように変化させているからこそ、人間は一種類の動物でいられるのです。

ところが、本来そのような素晴らしく多様な人間世界を現在アメリカ主導型の地球化、globalizationの大波が変えようとしている。グローバリゼーションというのは、はっきり言えば多様な世界を一つの、つまり多様性を抹殺して、全部アメリカのような文明、社会に変えようという運動なのです。

日本も敗戦後六十余年の間、アメリカに従属せざるをえなかったために、この大波に巻き込まれ、組み込まれてきました。特に小泉さんの時代の構造改革というのがひどかった。それまでも日本は明らかにずいぶん西洋を真似したのですが、それでも日本という国の中ではだいぶ日本的な我々の感覚、肌に合うような社会が続いていたのですが、この小泉さんの時代に、全部アメリカから見て好いという社会に作り変えちゃったわけです。

一番極端なのは、たしか当時のボールドリッジとか言う商務長官が、日本が持っている非関税障壁の最大なものは日本語だと言ったこと。この障壁さえなくなれば、アメリカ人にとって日本は何の努力もなしに気軽にやって来れる国になるのだと。もっとも、こんな馬鹿げた発言を待つまでもなく、すでに現在日本の一流と言われるホテルなんかでは、アメリカの観光客やビジネスマンが平気で英語で従業員に語りかけて、通じないと怒ったりしています。日本はアメリカ人にとって外国なのだから、日本語を彼らが学んでくるのが筋ではないかという私の考えは、アメリカ人は無論のこと、日本人自身にも理解されない状況になっている。国際化の時代だから英語くらい喋れなければ我々は世界に置いていかれると思い込んでいる人が多い。

いつでも日本人は置いていかれるという発想なんですね。そうではないのです。今日本は追いかける立場から追いかけられる立場、ある意味では世界のトップに立っているのです。日本が今度は世界を引っ張る立場なのだと声を大にして私は言いたい。しかしながら、日本中の大勢はまだまだ違っていて、アメリカに何でも合わせないとアメリカに叱られる、アメリカに置いていかれると懸念する人たちの声の方が強いままです。

例えば、日本のお米作りなんて効率が悪いからアメリカから買えばいいみたいな意見が出てくる。その代わり日本は得意な自動車とか機械を売ればいいといった国際分業論というのを提唱したりする連中も幅をきかせている。もしもそんな路線をとれば、ちょっと問題があったときに外国が食糧の輸出を止めたら日本は干上がってしまうにもかかわらずです。そういうふうにして、日本は今もアメリカをはじめ世界からふり回されているわけです。

これは大変困った状態ですが、しかし私はそんなレベルの議論よりも、世界中の人々がもっと先を見て、抜本的な対策を講じないと、日本は無論のことアメリカも世界中もすべてが駄目になる、破滅してしまうと考えています。だからこそ、日本が世界を指導できる立場にいることを自覚して、今からでも日本語を世界に広めようと力説しているのです。単にナショナリストとして言っているのではなくて、日本人の良さ、日本文化の地球にとっての優しさ、そういったものが染み込んでいる日本語を一人でも多くの外国人に知らせ、理解させていくこと。そうでないと人類と地球の破滅するスピードが速まるばかりだということ。逆に言えば、世界の日本化が進むにしたがって世界の奈落に落ちるスピードがゆるくなるということです。

人類もここまできた以上、いずれはもちろん奈落に落ちるのは運命として避けられないのですが、これが千年か二千年先ならまだいいのだけれども、あと五十年、あと三十年かもしれないというところまで、今世界の危機は迫っています。例えば北極の氷山はどんどん溶けて、氷山がなくなりつつある。そうすると海面がどんどん上がってきて、それがどんなことになるかは子どもにでも分かることでしょう。

そういう危険な兆候が、今世界中に起こっていて、それはつまるところは過去五百年間世界を牛耳ってきた西洋文明 western civilization がもたらしたものに他ならない。この文明の良さ、素晴らしさはもちろんありました。人間が宇宙へ行くようになったのは、もしそれをいいこととすれば西洋文明のおかげです。古来からの日本文明だけでは、どんなに工夫したって宇宙に行かれるような技術は出てこない。ですから日本もうんと恩恵を受けてきたのですけど、それが行きすぎたために、今世界が危機の只中にある。西洋文明がこのまま世界をこれ以上覆ったら世界はおしまいになるほかない。

日本の頂点は、東西二枚腰文明が絶妙に実現していた一九八〇年代ところが今思えば幸いなことに、日本は一番遅れて西洋化に乗り出した国で、わずか百五十年足らずしか日本の western civilization の歴史はないわけです。ですから日本というのは半分西洋になったけれども半分まだ東洋、つまり日本が残っている国なのです。で、このように日本というのは世界で珍しい二枚腰文明の国だというのが、私が数年来言ってきたことなのです。私がいつも欧米人に語ってきたのは、「どうして日本は強いのか。それはあなたがたの良さを十分取り入れながら日本という良さを完全には捨ててこなかったからなんだ」ということです。これがすっかり西洋になれば、小さな西洋、三流のアメリカ、四流のヨーロッパになってしまったでしょう。だから日本が一番強かったのは、ちょうど東西半々、west と east がうまく合体したときだったと言えるでしょう。それが一九八〇年代なのです。あの年代が日本の頂点で、あとは堕ちるばかりだったと言ってもいい。なぜなら、あれ以来アメリカ化が猛烈に進んだからです。アメリカの世界化、世界のアメリカ化が進んで、日本もそれに巻き込まれて、食べ物から薬からありとあらゆるものが殆ど全部アメリカの資本でもって牛耳られて、日本はそれに対抗できないままどんどん呑み込まれてきてしまった。このままではどうにも救いがありません。ですから私は、せめて東と西がちょうど半々くらいに混ざった日本の二枚腰文明のあのときに戻るべきだということを以前から言ってきたのです。今から四十年くらい前にすでに「下山」、「戦線縮小」ということをいろいろなところとに書いているのです。しかしながら、それを理解しない人の方が圧倒的に多いせいもあって、日本はどんどん危険な方へ入ってきてしまったわけです。

十九世紀の終わりにラデイヤード・キップリングというイギリスの有名な文人がいました。この人が、イギリスがインドを征服して植民地にしているとき、なんとかインドとイギリスが仲良くできるように願って、単に力で抑えつけるのではなくて本当に分かり合えるようにしようと相当努力したのですが、最後に絶望して残したことばが「東は東、西は西、この両者は永遠に交わらない」。でも、このキップリングの絶望を越えて両者が立派に交わることを証明した世界で唯一の国が日本なのです。他は西洋化されることによって本来の土俗の文明をすっかり無くしてしまったと言ってもいい。たとえば今、メキシコには素晴らしい文明があります。絵画も彫刻も素晴らしい。けれど、あれはメキシコ本来のものではないし、メキシコを征服したヨーロッパのものでもない。つまり合の子ができちゃうわけです。合の子で悪いということではないけれども、その国、地域本来の文明ではなくなっているのです。

今の日本にも日米の合の子みたいな文化現象はたくさん見られますが、しかし、歌舞伎や能、俳句や和歌を持ち出すまでもなく、何百年という歴史を持つ日本文化の粋というか骨格が今でも庶民の中にすら生きていると言いきってもいい。しかもそれは、欧米を中心とした拡大型、拡張型、征服型、そしてエネルギー多消費型でない唯一の大文明なのです。今までのヨーロッパ、アメリカの歴史を見ると、殆どが断りもなくよその国や地域に行って、相手から悪いことをされたわけでもないのに皆殺しにして領土を広げて…というふうに、結局　広がるのが至上というのが西洋文明の一つの基本なのです。つまり、常に新しく拡大する。これは実は、ギリシャのアレクサンダーのころからそうです。アレクサンダーという王はペルシャと戦争をして打ち破って、その勢いでインドまで遠征して当時の世界中を荒らし回ったわけです。で、モンゴルのジンギスカンもそうした伝統にしたがってユーラシア大陸全域を蹂躙した。

このように日本以外の文明というのは、繁栄＝拡大だったのです。拡大というのは、つまりは人を殺して略奪する、火をつけるということであり、つまり戦争の連続だったのです。ところが日本は違う。地政学的な条件もあって、そうした傾向が非常に少ない、世界でも珍しい文明なのです。

同根多様性と異根多様性

さて、これからはたぶん私にとっても初めて話すことです。最近各方面で問題とされる「多様性」ということばにも区別があるし、必要だと最近ひらめいたのです。私の言い方で「同根多様性」と「異根多様性」という区別。両者は分けて論じた方がいいし、そうすべきだと言いたい。

「同根多様性」とは、今は多様に見えるけど元の根は一つなんだという多様性。文明の技術的な進歩が速いか遅いかに起因する違いなので、多様にみえて、実はその違いにさしたる深い意味はない。欧米（言語）と比べて日本（語）の問題点を云々する優劣論の殆どは、私からすれば同根多様性に囚われたもので、だからいつまでたっても日本（語）の核心に迫ることができない。

これに対して「異根多様性」というのは、元々違うから現在も違うんだという多様性。このように英語で diversity と言われてるものには二つの相、phase があると分けて考えるべきではないかということ。あまり好きじゃないけど英語で表現すれば homogenous diversity と heterogenous diversity ですね。異根とはどういうことかと言うと、元は違う所から出発して、そして発展というか進歩して高みに上がるとそこで出会うというイメージです。富士登山でもそうですが、違う登山口から登りだしても結局頂上に来れば一緒になるというのが異根です。私が終始一貫提唱してきた日本と欧米の比較論は、すべて異根多様性の観点からのものだと言うことができます。

数年前に亡くなった米国の歴史学者サミュエル・ハンチントンは、現存する世界の様々な文明は大きく分けて七つか八つに区分できると言いました。しかしその中で、日本文明だけが宗教、民族、言語、文化、そしてその分布の範囲が日本一国に限られるといった、重要な基本的特質のどれ一つをも他の文明と共有していない非常に特殊な、ある意味では孤立した文明であると言っています。この見方は、私がこれまで日本はこの広い世界の中の、小さな別世界だと言ってきたことと全く一致する見方なのでよく話に取り上げるのですが、このどちらかというと特殊な日本という国が、これまで数世紀にわたって世界を支配してきた西洋諸国と、今や様々な点で肩を並べる超大国となっているということが、人類のこれからの進むべき方向を左右するとても大事な鍵を握っているのです。しかし、問題は肝心の日本人がそのことをまだ殆ど自覚していないことにあります。

この日本文明が他の諸文明とはいまだに基本的に特殊であるということは、日本という国が欧米諸国とはかなり違う別の道を辿って、結果的には欧米と同じレベルの総合的な国力を持つ近代的な国に発展したということを意味するのです。なぜ日本だけがこのようになったのかは、主として日本の地政学的に恵まれた位置のおかげと考えられます。

日本という島国は、絶えず大きな文明が生まれ、それが次々と交代する過酷な風土条件を持つユーラシア大陸からは、適度に隔離された気候の温和な中緯度にあり、外部から殆ど直接の侵略を受けることなく、それでいて適宜外国から優れた文化を取り入れ、それを独自の文明に発酵させて国を発展させることができた、まことに恵まれた国と言えます。

日本はこのように欧米諸国とはかなり異なる発展過程を経て、現在のようになったということをはっきりと理解しないと、一九八〇年代にアメリカで見られた、日本異質論のような馬鹿な議論が起こるのです。日本が経済発展をすでに十分遂げているのに、アメリカのような思考様式や行動原理に日本の社会が近づかないのはおかしい、そこには何か不正があるに違いないといった彼らの非難の前提は、人類の文化がすべて同じ道筋を、欧米諸国が辿ったような順序と段階を踏んで発展するはずだという、極めてアメリカらしい自己中心的で、唯我独尊丸出しの世界観が根底にあるからなのです。

ですから私は、生物社会の多様性、人類言語の多様性を考える場合でも、人間を最高の位置に置いて、殆ど人間だけの発展と幸福を視野に置く人間中心、人間至上主義の立場で凝り固まっている文明と、今先進国の中では殆ど日本だけにかろうじて残っている地球上のあらゆる生き物と人間のつながりを重視する、古代のアニミズム的世界観に立つ文明を、単に発展の程度の違いではなく、質がだいぶ違うものとして区別して考える必要があると思うようになりました。日本以外のユーラシア大陸の大文明は、世界史年表をのぞくだけで、古代から現代に至るまで大規模の民族移動と異民族異宗教間の激しい闘争、侵略、略奪、大規模殺戮の連続であることが分かります。これに対し島国であった有史以後の日本の歴史は、域内での他者との激しい対立を可能な限り避ける同化融和を基調とするものであったために、対決を好まず、あからさまな自己主張を控える国民性が生まれたと考えられます。

あとで詳しく話しますが、一般の生物は前にも言ったように、異なった環境に適応するためには自分の体の作りを変えますが、人間は体そのものは殆ど変えずに、外界と自分との間に中間世界としての文化と言語を、環境の変化に適合するように変えます。たとえばユーラシアの荒々しい対立対決型な環境は、自己防衛のための強烈な自己主張を必要とするために、ユーラシアの諸言語は互いにタイプは違っても、どれも明確な人称代名詞の仕組みを備えています。これに対しその必要のない、と言うよりむしろ意識的に対立を避け、強い自己主張を良しとしない日本の閉鎖環境は、可能な限り発話の主体を明確にすることを好まないといった特徴を備えることになったのです。これが私の言う同根多様性と異根多様性の大雑把な違いです。

下山の時代——世界の主導文明の交代を

そこで私の言いたいことは、現在でも勢いを増すばかりの西欧文明起源の、厳密さを極度に追求する近代科学万能主義は、たしかに人間を宇宙にまで運ぶほどの技術的発展を遂げ、人類の様々な物質的繁栄と福祉を増大させることを可能としたのですが、反面、その代償として、急速に地球上の自然生態系の回復不能なまでの荒廃をもたらし、大気や海洋の汚染は深刻さを増す一方といった、人類の安定した持続的な生存にとってても好ましくない結果を生んでいることは否定できません。

またそれと並行して、大航海時代以後鳴りをひそめていたイスラーム教対キリスト教という一神教同士の表立った対立は年ごとに激しさを増す一方で、ブッシュ元大統領がイスラーム過激派に対して公の場で、うっかり口にした「不信心者たち（Infidel）、悪魔ども（Devils）」などという非難も、超大国アメリカが依然として、まことに危険な中世的宗教的偏見と国際政治が未分離の状態にあることを暴露したものと受け止められています。

この宗教的偏見と差別が法律的にも人々の意識のなかにも全く見られない国が、なんと私たちの国日本なのです。キリスト教が解禁となった明治五年以来、約百四十年以上が経ちますが、宗教が原因の争いは皆無だと思います。東京の青山墓地がキリスト教徒を含むあらゆる宗教の人々を受け入れていることは以前にもお話しましたが、墓地でも宗教対立がない国なのです。また文化庁が行った宗教統計では、様々な宗教団体が申告した信者の数を合計すると、日本の総人口の一・五倍にもなります。ということは、一人で複数の宗教に属している人が少なくないからです。このような本地垂迹の宗教観は本人が意識しないほど日本人の無意識下に強い根を張っていると言えましょう。

日本に住み着いたハンガリー系のユダヤ人であるピーター・フランクル氏は、日本が大好きな理由として、氏がユダヤ人であるが故の差別をただの一度も受けたことのない国が日本だからと言っています。ヨーロッパやアメリカではユダヤ人に対して、いまだに陰に陽に様々な差別があるのです。イスラエルへの移民の大多数が今でもロシアからであることはよく知られていますが、私の知り合いのある外交官夫人は、モスクワの日本大使館官舎で雇ったロシア人の女中さんが、出入りのユダヤ人商人が何か気に食わないことをしたとき、いつも大声で「今度騒ぎがあったときは、お前らぜんぶ皆殺しにしてやるからな」ときつい調子で怒鳴るので気味悪かったと話してくれました。こんなわけですから、ロシアから安住の地を求めて、第二次大戦後イスラエルへの移民が絶えないのも分かります。

以上、いろいろとまとまりのないことを喋りましたが、私は日が経つにつれて、ますます今のままの西洋文明ではもう世界に救いはない。今こそ日本が和の精神を中心とした、山川草木悉皆成仏のアニミズム的世界観を指導原理とする世界の主導文明の交代を主張すべきだと思うようになりました。この考えが広まれば、地球に迫りくる破滅の時期を、かなり遅らせることができると考えます。その間に急いでそれこそ世界中の英知を集めて、本格的な対策を考え出せれば、もしかしたら決定的な破滅を回避できるかもしれません。

とにかく人類は急いで現在のような「止めどない繁栄という幻想」を目指す山登りを、下山に切り替え、地球の取り返しのつかない荒廃に直結する大量生産、大量消費、そして大量放棄をやめ、歴史の短い「使い棄て文化」を、日本人が祖先の時代から慣れ親しんできた「使いまわしの文化」に可能な限り戻るべきだと思います。その方向性と様々な指針は、世界で日本だけが持っている二百二十年もの長きにわたって経験した、鎖国の江戸時代に求めることができるのです。なぜ鎖国時代の人間の生き方が、これからの人類に参考となるのかというと、これからの地球世界は外部に対しては閉された、そして内部にはもはやこれまでのような未知未開のフロンティアなどが存在しない、完全な一つの閉鎖社会、「宇宙船地球号」にほかならないからです。

ここで、話を少し変えますが、人類と環境の違い、多様性について改めて考えてみましょう。人類の起源というのをどの時間軸でとるかという問題はありますが、およそ八百万年の時間でとれば、人間というのはアフリカでチンパンジーと分かれたばかりで、そのときはみんなことばも同じ、風俗習慣も同じだったはず。それが何百万年か下がってくると、原人たちの中で脱アフリカ、exodus というのがあった。アフリカから出てユーラシア大陸に行き、ついには北京やインドネシアにまで到達していたことが分かっている。その間に原人がいて、その次に旧人が現れて、それから新人が出たというのが定説です。で、我々は新人というわけです。その間に、ネアンデルタールという我々新人の親戚みたいな人類がいて、新人と戦ったり、または交雑したりしていたようですが、このネアンデルタール人はなぜか消えてしまったため、現在地球上に生きているのは我々新人、ホモ・サピエンスだけということになるわけです。

でも、考えてみると、まだ黒人と白人と黄色人種というふうに明らかに違う人種があるわけです。こういう多様性がなぜ残っているかと言うと、結局、日光の強い熱帯にいつもいれば黒くなる。有害な紫外線をメラニン色素がうまく防御してくれるのです。反対に北の方へ行った人種はちょっとでも紫外線を貰わないと、くる病という背骨が曲がる病にかかってしまう。これはビタミンDを多く含むシイタケとか昆布を食べればいいのですが、日本と違ってそういうものは食べないし、手に入らないからヨーロッパの白人というのは結構大変だったのです。冬の間に太陽の輝きをちょっとだけでも多く受けておかないと、くる病になる。以前はヨーロッパの劇場の入り口などに、制服を着た小人が必ずいたものです。ノートルダムの「せむし男」などもこの流れですね。サーカスでも小人が人気者でした。

ですから北ヨーロッパ、ロシアを中心に、真っ裸でバルコニーで日を浴びるという文化は、実は太陽が一年のうちにほんのわずかしか出ない文明の所産なのです。人間が健全に生きるためには紫外線がむしろ望まれるわけです。ところが、そういう所から人間がオーストラリアに移民していくと、今度は紫外線が強すぎるので大変なことになる。皆が黒装束で黒メガネで、なんか忍者の行列みたいになってしまう。小学校に通う生徒が真っ黒になって歩いているのです。紫外線というのは猛毒なんですね。それを防ぐためには黒人がもっているメラニン色素の防御網が必要。ところがそれが全くない白人たちが南に行けば被害に苦しむことになる。そういうふうに、所変われば品変わるという昔の言い方が人間にもあてはまるのです。

ところが、その違いを現在消して同一にしようとしている。しかし、これはとても危険なことなのです。つまり黒人も白人もかつては住んだ風土の影響を受けて、その環境に適応して生き残るために身体を対応させたのに、今は黒人も白人もそうした自然の理に反した生き方をしている。例えば北ヨーロッパに今は黒人の移民が山ほど入っているのですが、彼らがどうするかというと、結局は身体を守るためにものすごい暖房エネルギーを使うのです。反対に南の国に白人が行くと、今度は逆に冷房エネルギーを無制限に使う。つまり、他の動物であれば環境が変われば環境に身体を合わせて変えていくので、これが完成すると元が一つだったものがお互い別種になってしまう。結婚もできないし、意思もことばも通じなくなる。

これが他の一般の動物の法則。これは植物もそうです。例えば同じ植物が水のない砂漠に移されると、なるべく水分を蒸発させないために全身を固くしてサボテンのように皮が厚くなる。それで根は三メートルも五メートルも遠くの水を吸うために長くなって…というふうになると、砂漠とは違う環境に残っている元は、同じ植物とは別種になっちゃうのです。

このように、人間以外の動植物は分布が広がれば、行く先々の環境に応じて自分の身体を時間をかけて環境に合わせて変えていく。というか、それに成功したものだけが生き残ることができる。一番有名なのがガラパゴス諸島にいるダーウィンフィンチという鳥の変化、分化ですが、この話はすでに何度かしているので、ここでは端折ります。

行った先の環境に自分の身体を変えてうまく適応できたものだけが生き残るから、結果として現在ガラパゴスには十四種の全く別のフィンチがいる。しかしそれは元をたずねると、南米から移ってきた一種だということが分かるわけです。でも、人間だけがどうしてそうならないのか。なぜ人間だけが環境が変わっても身体は殆ど変化しないのか。人間にはさっき言いました白人、黒人、我々の黄色人種というふうに多少の違いはあります。だけれども、どこへ行っても人間としての種の同一性というか、人間であるということの基本的本質は崩れないのです。その証拠は何かと言うと、第一は、お互いにことばが通じるということ。エスキモーのことばであれ、アメリカの原住民やアフリカの原住民の言語だろうと、我々が勉強すれば世界の六千の言語というのはあなたがた普通の人間でも、言語学者じゃなくても根気よくやれば必ず話は通ずる。子どものときに接触すれば根気なんかいらない。五つか六つになる間にスワヒリ語も上手になるし、アラビア語でもロシア語でも話せるようになる。つまりその土地、土地の言語を小さいときから学べば、どの言語でも理解可能になる。これが人間の種の同一性がまだ崩れていない証拠。

もう一つは、黒人と白人と黄色人種でもお互い立派に結婚できるということ。混血、ハーフの子ができるのですが、丈夫に生まれて、次々と何代も子孫をふやせるのです。これは普通の動物にはあり得ないことなんです。普通の動物では、例えばロバとウマは非常に似た仲間の動物ですから、ラバという名の合の子はできるのですが、一代雑種、Ｆ１と言いましてね、ロバとウマの間に産まれた子は、その子同士が、つまりＦ１―Ｆ１が結婚しても次のＦ２は産まれません。ですから、ラバというのは常に新しく合の子を人工的に作らないとダメなのです。

言語・文化は自然（外界）と人間という生物の間にある「中間世界」

人間以外の動物はちょっと分布が広がると行く先々の環境の違いに合わせて身体や性質を変えるから、元は同じ種であっても互いに同種じゃなくなる。ところが人間の場合は、高山、北極、温帯、熱帯林、砂漠というふうにおよそ違う環境に住んでもみんな同じ人間であり続ける。これはなぜか。人間は自分の身体を自然・環境に直接さらしていなくて、目に見えない「中間世界」というものを自分の周りに比喩的ですけどめぐらしているからに他なりません。ドイツのヴァイスゲルバーという学者で、ナチ時代にちょっとドイツの膨張政策の肩を持ったために、戦後はすごく評判が悪くなってあまり学会でもぱっとしなかった人物がいます。このヴァイスゲルバーが最初に人間の言語（文化をも含む）というのは自然と人間という生物との間にあるもう一つ別の世界だという画期的なことを言ったのです。私はこの考えを拡張して、この中間世界は外界の変化を吸収する一種の衝撃緩衝装置だと言うのです。この装置の形や性質を変えることで環境の違いをそれに吸収させることが可能となるので、人間そのものの形質は変わらないのです。ですから言語とは、それを使っている人々の置かれている環境の Index（指標）であり、目盛りみたいなものと言えます。この目盛りを環境の変化や必要に応じて変えていけば、人間はどんな環境にも対応可能となるのだと。だから、人間、どこに住もうと外見が多少異なろうと、お互い結婚もできれば言語も学び合うことができるのです。

「エスキモー」ということばは今ではよくない差別語だと言う人がいますが、私は別に悪い言い方だと思っていません。なぜか。あれは、北アメリカでもずっと南に住んでいた原住民が極北に住む彼らを見て、「あいつら生肉食う連中だ」ということで、「エスキモー」、つまり生肉を食う人という意味で言ったことばなのです。どうして火がないわけじゃないのに生肉を食うかというと、彼らが暮らすアラスカなどでは野菜がないのです。植物のない氷の世界ですから、生肉を食べないとみんな死んじゃうのです。だから料理しちゃ駄目。なぜか。まずビタミンCが全部こわれちゃうから。そうすると壊血病という恐ろしい病気にかかってしまう。生の野菜を食べないとかかりやすい病気なのです。エスキモーは当時、生野菜を食べることができなかった。冷凍技術なんて当然なかったわけですから。それで動物の生肉を食べ、血を吸うことで、その中のビタミンCを摂っていたのです。野菜がないという寒い所の環境の欠如を、生肉を食べるという文化に吸収させることによってエスキモーは人間らしい生活を送ることができてきたのです。

　また、よくあんな寒いところで暖房がないのにエスキモーって何千年も生きてこれたかというと、氷の中に氷の家を作るのです。さぞ寒かろうと思うと大間違い。外はマイナス四十度でも、氷の中は人間の体温とわずかなアザラシの油を燃やすロウソクでもって暖かいのです。で、寝るときには男も女も全部真っ裸になって抱き合うのです。それで上に白クマの毛皮をかける。こうすることによってエスキモーの人たちは何千年も暖房なし、野菜なしで生きてくることができたのです。周りの厳しい環境を氷の家を作るという文化、そして生肉を食べるという文化、そして当然それに応じた独特のことばがたくさんある言語を使うことによって生き抜いてきたのです。たとえば「氷」なんて、日本の氷は薄氷とか初氷とか言うけど、そのぐらいじゃとてもエスキモーが住む環境に対応できず、役に立たない。踏んだら割れる氷とか、家を作れる硬さの氷とか、氷に関することばがたくさんあるのです。それはなぜかと言えば、いちいち細かい性質の違いなどをゆっくり説明してたら時間がかかって寒さのあまり死んじゃうからです。

　砂漠での言語もそうです。ラクダに関することばが二百、三百もある種族もいると文化人類学者らが言うのは、ラクダと砂漠しかない世界では、いろいろなラクダの性質や特徴について一つのことばでパッと言えるような便利で都合のよい文化ができてきたからに他なりません。

　人間の文化には環境に適合した家とか着物、食べ物とか調理法とかの物質的な物と同時に、それを要領よく簡潔に伝えることばというのがあって、言語には、火を起こすとか、弓でもって鳥を撃つとかいう文化とは違う面もあるから、言語文化という言い方をした方がいいかもしれません。

で、人間というのはこのような性質の中間世界としての言語文化を自分の周りに張り巡らして、環境（外界）の相違による衝撃を吸収することによって自分自身をあまりひどく変えずに世界中の異なった環境に分布することができた生き物だということになります。このような意味で言語文化は、英語で言えば、shock absorber、衝撃緩衝（吸収）装置ですね。外界の影響が直接人体に及ばないよう吸収してしまう緩衝装置、つまりはこれが言語であり、文化なのです。

例えば、飛行機だとオレオという油圧装置でもってぐっと車輪にくる衝撃を吸収するから、着陸時にダーンと激突しないで軟着陸できるようになっている。これと同じように人間というのは環境に直に接しないで、自分の身体の周りを衝撃緩衝装置で覆ってるから、どんな環境に広がっていっても種の同一性が崩れない唯一の動物なのです。今、何千万種という動物がいますが、それぞれがみんな環境が変わると自分を変えなければ、そこで根をおろして生きていかれない。環境と自己をすり合わせることに失敗した動物は、植物もそうですが、どんどん絶滅していくわけです。成功した者だけが生き残るけど、しかし、環境がまた変わると厳しい局面にさらされる。今、深刻なのは人間が速いスピードで彼らの住む環境をどんどん変えてしまうことによって、対応が間に合わずに絶滅する動植物がたくさんいるということ。彼らの環境対応力、環境変化についていく能力よりも人間が環境を変えるスピードの方が速いために、今日、地球上では繁栄している大型野生動物というのは人間以外は一種もいなくなっているのです。

人口はどのようにして爆発的に増えてきたのか

現在人間の数は七十五億を超えてしまっている。ほんの二万年前くらいまでは、他の哺乳類と肩を並べて生きていたのが、二万年前ころからの農業革命によって急激に人間が優位性を獲得して人口が増えだした。つまり一年中の食糧を貯蔵できるようになった。それまでの狩猟採集時代は今日獲ったものを今日食べないとだめ、保存法がなかったのです。干物とか多少ないわけではなかっただろうが、結局はみんなで分けて食べて、また次の日、その日の糧を獲るというふうなその日暮らしの生活が人類の何十万年も続いたわけです。ところが農業革命によって富の蓄積ができるようになると、次第に複雑な社会構造ができて、王国ができてというふうになって、エジプトやらヒッタイト、アッカドといった王国ができるようになった。そして、この農業革命を契機に人間はどんどん増えるわけです。

その次が、途中もいろいろあったけど、十八世紀の産業革命。これによって人間が暮らすためのエネルギーというのが根本から変わった。それまでは人力。自分で働くか奴隷を使うか。それとも馬や羊を使う畜力。あとは水力がちょっとあって、後の方では風力、風車というのが出てきたけど、とにかくそういうエネルギーというのは再生可能エネルギーだったのです。つまり地球、太陽によって生産されて、また太陽の力の中に戻るという循環型のエネルギー。だから地球の安定性、他の動植物を絶滅に追い込むほどの人間中心的な悪いエネルギーではなかった。ところが産業革命で石炭というものに手を出した。何千万年も地下で眠っていた昔の植物の遺骸が要するに黒い石炭になる。それを掘り出して使うということが産業革命と同時に始まると、途端に生産力が飛躍的に上がって、それに伴い、人間の人口が増えて、そして公害も起こってきた。

例えばロンドンのスモッグ。「霧のロンドン」と言われるくらいに、かつてはロンドンと言えば霧だったのです。シャーロック・ホームズの小説の中にはしょっちゅう霧の話が出てきてキリがないほどですが、それは天然の霧じゃなかったのです。天然のほんのわずかな霧が石炭の煤煙によって今で言うスモッグとなってしまう。スモッグとは smoke と fog。その合の子が smog。ロンドンではそれで肺をやられて死者もたくさん出て大問題になり、後に石炭は焚いちゃいけないということになって、今のロンドンの空気はまあ綺麗になり、有名な霧もなくなったという次第。石炭を使わなくなったからです。それはともかく、世界中で石炭を使って日本も一九五〇年代、六〇年代初めまでは三池炭鉱やら夕張炭鉱等々、かつて炭鉱争議も起こったような炭鉱が各地にあった。つまり、結局は近代化のエネルギー源、それが石炭だったのです。で、近代化の進展とともに人口が猛烈に増えていったわけです。

その次が一九四五年から五〇年代にかけて、第二次大戦が終わるころに石炭よりも効率がいいということで石油への流れが生まれて、石炭から石油に世界の主要なエネルギーの大半が切り替わった。そうすると日本は石油が全く出ない国だから、それで中近東から石油を買うということになって、このとき日本文明始まって以来初めて、日本がそれまで殆ど知らなかった世界の大文明の一つ、イスラーム文明と本格的に接触することになったのです。

イスラーム文明というのはヨーロッパ十字軍をこてんぱんに撃破したこともあり、ヨーロッパにとっては長年の宿敵であり、勝つことのできない強敵でもあった。このイスラームに邪魔されて肥沃な南に下りられないからしょうがない、危険を冒してヴァスコ＝ダ＝ガマがアフリカを回ってインド航路を開拓したり、コロンブスが大西洋を渡ってアメリカ大陸に行ったのです。彼らの冒険と言われているもののきっかけにはイスラームが産物豊かな南を全部押さえていたがために、北ヨーロッパの不毛の地に長い間閉じ込められたヨーロッパ人が、イスラームを避けながら活路を求めて新しいフロンティアを目指したという面が強くあったのです。それがいわゆる「大航海時代」の始まりです。

維新・開国時、欧米に抵抗しない道を選んだ日本

それ以来、あっという間に南米がカトリックのスペインとポルトガルに征服され、アフリカが奴隷供給地になり、北アメリカが全部イギリスとフランスの領土となるというふうに、ヨーロッパのわずか数か国が全世界を支配するようになって、最後に残ったのが日本。それでアメリカに開国を迫られ、明治維新となるわけですが、ここで面白いことが起こった。中国も当時は国を閉ざしていたのですが、アヘン戦争という戦争をイギリスが巧妙に仕掛けて、半植民地にしちゃったわけです。で、最後に残ったのが日本だったのですが、日本の場合は欧米に抵抗しなかったのです。なぜか。日本人というのは強大な文明に出会うと相手から優れたものをもらうということには恥じない伝統がある。悪く言えば自尊心がないということですが、中国人、インド人、イスラームの人々というのは、良くも悪しくも自尊心の固まりで、野蛮なヨーロッパ人から習うことなんてないと言って、ヨーロッパの使者を何べんも送り返したわけです。それで大砲の威力が産業革命によってヨーロッパの方が上になった段階で立場が逆転して、

イスラームが打ち破られ、インドが植民地になり、中国が半植民地になって、最後は日本というときに、日本は抵抗しないという道を選んだ。日本は高くそびえる樫《かし》じゃなくて、強いものが来るとしなる竹の文明ですから、ワーッとヨーロッパの力が来るとフーッと曲がって、うまくかわしていく道を選んだのです。ヨーロッパ人が驚いたように、日本人自身が「日本には歴史と呼べるものはありません、文化もありません」というふうに身を低くして一見自己否定したかのようにしてね。これは私の「部品交換型文明」という定義で、ずいぶん書いてきたことですけど、日本というのは、それまでのことをケロリと忘れて新しい文明に飛びつくことができるという、ものすごく現実的なところもあるのです。自分より強い文明に出会って良いものがあると、よく言えば虚心坦懐で良いものは拒まない、悪く言えば強いものにはなびいて抵抗しないという文明。

でもそのおかげで、結果的には日本は非ヨーロッパで唯一欧米に対抗できる最初の国になったのです。今はたしかに中国が力を増しています。むしろ日本より中国の方が上に出ているかのようにもみえる。でも全体の総合的な実力で言ったら、日本とは比較にならないほど脆弱なところがあり、様々な矛盾を抱えているのが中国です。いずれ、そのことがはっきりしてくるでしょう。

食物連鎖の鉄則にも違反しているのが今の人類

ともあれ先に説明したように、人間だけが環境と自分との間に「中間世界」というものをつくることに成功した。私はそれを拡大解釈して、要するに人間というのは自分の周りを目に見えない一種の保護膜の役をする中間世界で包んでいるから、北極に行こうと熱帯に行こうと自分は自分で変わらないのだと言うのです。他の動植物にはそれがないために、寒い所にいけば毛を厚く生やさなきゃいけないし、食べ物が魚しかいない所に棲めばオットセイのように泳げなきゃいけない。自分の体そのものを変えなければ生きのびていけない。こういうふうにできているから、世界中の異なった環境に一種類の生物が体や性質をあまり変えずに分布している動物は人間しかいないのです。

その人間が今世界に七十五億いるわけです。イエス・キリストがいたころに推定二億だった人間が七十五億で、あと二十年も経つと百億になる計算。いくら広大な地球でも人間であふれちゃう。そこで問題なのは、食物連鎖の頂点にいる生き物である人間が、こんなに多すぎていいのかということです。地球上のすべては、動物も植物も基本的には食うか食われるかの関係で全部成り立っているのです。一番下は植物プランクトンで、北極だろうと南極だろうと無限に海の中や川にいて、それを動物プランクトンが食べる。その食べた動物プランクトンを今度はより上の魚とか虫が食べる。それをまたより上の大型の魚やカワウソとかそういう動物が食べる。今度はそれをまた鷺が食べてみたりツルがつついたりして、順々に上に上がっていって、最後にそのエリアで、他の動物を全て食うけど俺は食われないという奴がいるわけです。それは鳥で言うと鷲とか鷹。鷲や鷹を常食とする動物というのはいないわけです。人間というのは地球全体のまさに頂点に立っていて、生物のありとあらゆるものを食べる。人間ほどいろんなものを食う生き物はいない。

ところで、食物連鎖の一番上の鷲や鷹、ライオンやトラは他の生き物を食べるだけで自分たちは食べられない。ですから、その位置にいる生き物は数が少なくないといけない。もしもその生き物が多すぎると餌の方が少なくなって自分たちは生き残れない。これがいわゆる食物連鎖のピラミッドと呼ばれるもので、生物の数（量）は下ほど多く、上に昇るにしたがって少なくなり、頂点に立つものは最も少ないのです。そこで必然的に位が上の動物ほど数が少ないというのが地球に住む生物の鉄則なのです。しかし、今や人間だけがこの鉄則を破っている。人間が七十五億というのは、頭でっかちもいいところで、食物連鎖の掟を完璧にふみにじっている。そんな地球になってしまっているのです。で、食物連鎖の下の方の野生動物というのは絶滅、絶滅、絶滅で、「レッドデータブック」というのを見ると、去年までいた動物がついに絶滅みたいな記述がとても多いのです。

家畜とペットも今や環境保全上の大問題

その次に（人間がすでに七十五億もいること自体深刻な問題だが）、人間が飼っている家畜というのが五億くらいはいるというのも非常に困った事態なのです。なぜか。家畜というのは主に反芻動物。馬と豚を除いて全部草をぐちゃぐちゃ噛んで胃に入れて、また噛み戻して、また胃に入れて、ということを繰り返す。胃が四つあるという牛や羊もラクダも南米のリャマ等々、人間が家畜として飼っている主な動物は反芻動物なのです。そして胃の中に草を溜めこんでバクテリアとかいろんなもので発酵させるとゲップするわけです。そのゲップがすごい温暖化の原因ともなる。それから後ろから出すおなら。これがまた結局メタンガスで、炭酸ガスの十五倍から二十倍もオゾン層を壊すのです。オゾン層に穴があいて被害が拡大化しているのには、家畜の存在が大きいことに我々はもっと目を向けなければいけないのです。

そして、ペット。これがまた二億くらいはいると言われている。殆どは犬と猫で、私も大好きですが、私が飼っていたころは残飯で飼うとかがエサの基本でした。パン屋に行ってパンの耳をタダでもらってきて一生懸命さいの目に切って、屋根に干したりとかしてね。うっかりするとすぐ真っ青にカビるからカラカラに乾かして、それに家族のご飯が終わったときに余ったおつゆをかけてやると、うまそうに食べたものです。そのようにしていたから、我々の世代までのペットというのは地球の食糧問題に食い込んでいなかった。ところが今は、犬用のステーキとか犬用のハンバーグとか、猫用の特別な魚と肉とかが無数にある。しかも肉はカンガルーだったりする。オーストラリアのカンガルー肉をペットフードに使っているのです。

カンガルーをなぜ大量に殺すかというと、羊をうんと増やすからです。羊毛の需要が増大し、みんなが羊肉をたくさん食べるようになる。中国でも食べる、もちろん日本でも食べるからカンガルーが棲む草原に羊を放つわけです。そうすると、カンガルーと羊は競合するから年間何百万頭というカンガルーを毎年殺すことになる。そのカンガルー肉をペットフードにしているという次第。

つまり人間が増えすぎて、しかも贅沢になりすぎることによって、その人間に従属する家畜やペットまで贅沢になって、地球は今どんどん激しくおかしくなりつつある。「人間圧」によって、つまり人間の力、人間のプレッシャー、人間の及ぼす害毒によって、今、世界の自然はもう少しでだめになるギリギリのところまできてしまっているのです。

江戸時代のエネルギー政策、非戦・平和の国是はこれからの世界の目標

こういう時代にあって、日本人は理想的に近い「地球に優しい生き方」を実行した徳川時代（＝江戸時代）の二百六十年からもっともっと学ばなければいけないし、その価値、その比類ない特質をこれから世界に急いで発信していかなければならない。そのためにも日本語が分かる外国人を増やすこと、日本語の早急な海外普及が必要というのが、最近の私の主張です。

徳川時代は、エネルギー問題ひとつとっても、殆ど全部、再生可能な人力と水力とわずかな畜力（馬や牛などの）と太陽の光でまかなっていた。暖房は木炭。風力は地上ではあまり使わなかったようだが、帆船はかなり使っていた。木炭というのは、木はだいたい数十年で炭になるから数十年単位のリサイクルで、石油みたいに何億年もの昔の大気の状態を閉じ込めてあるのとは違うのです。

その意味では、木炭と人力、水力、畜力、風力というのはまさに理想的なエネルギーであって、自然環境に食い込んだり、圧力を加えないエネルギーなのです。今、先進国中心に、もしかしたらポーズだけかもしれないけど、なんとか再生可能なエネルギーを増やして、原発依存を減らそうとしている動きもあります。が、日本が徳川時代の二百六十年かけて、三千万人もの人間にまがりなりにも安定的に生きることを保証してきた実績を、もっともっと世界に誇りをもって伝えていくべきときなのです。しかもこのような生き方の一部は、我々日本の今の老人世代にもまだ残っているのです。

なおかつ、その二百六十年間、他の国に対して一切侵略もしなければ、もちろん他国と戦争など全くしなかった国だったのです。鎖国をしてたから当然でしょ、みたいに無感動に受けとめてはいけない、これは大変な実績なのです。すでに何度も語ってきたことですが、このことのみならず、日本という国は第一回の遣隋使派遣（六〇〇年）から日清戦争（一八九四～九五年）までの間の千三百年間に、外国に出て行って戦争したのはわずか三回、通算で六年。これって、どう考えても世界史上冠たる不戦の最長記録ですよ。その間のヨーロッパや中国の歴史年表を見てください。対外戦争や略奪のない年はないくらいに戦いだらけの歴史なのです。特に近代のヨーロッパっていうのはひっきりなしに他国を侵略しては植民地を増やし、奴隷狩りに熱中していた。イギリスとフランス、フランスとドイツの間でもごく最近まではしょっちゅう戦争を繰り返していた。ですからEUなんていうのも、さすがに馬鹿なヨーロッパ人も、こうやって殺し合ってばかりいてはあまり賢明じゃないなってやっと気がついた結果だといえるのです。ドイツがかつてのハプスブルグ家の栄光をとり戻すために超大国になろうとひそかに企てたからだという説もありますが、いずれにせよ戦争ばかりやってきたことの反省が遅まきながら生まれた結果であることは間違いない。

これに対して、日本は、千三百年の間に外で戦争したのは、白村江の戦い（六六三年）で、わずか二年。それからずうっと九百年戦争がなくて、秀吉が朝鮮に侵攻したのが通算二回（一五九二年と一五九七年）。それ以外は、あとは基本的に平和な鎖国状態ですからね。だから日本は好戦的な国などという非難や、あるいは思い込みは大ウソなんです。日本ほど平和愛好国として世界のモデルになっていい国はないといってもいいくらいなのです。では、なぜ日本が戦争を好きな国だと言われるようになったかというと、肉食をしない、牧畜はゼロで、牛乳も飲まない日本民族が、幕末に西洋に門戸を開放して、西洋のように闘争型の国にならなきゃいけないという圧力を欧米諸国から受けたからに他ならない。

日本人はまた良くも悪しくもめでたいところがあるから、「そうだ、日本は遅れてしまった、我々は欧米人のようにならなきゃいけない」と急に肉食を始めて、牛肉や豚肉を食いだしたりを含めて、すべてをあちら風にと日本人は自ら積極的な自己西洋化を始めた面もあります。そうすると国の性格までが欧米そっくりの喧嘩型の国家になったわけです。富国強兵で軍隊を大きくして、他国を侵略して領土を拡大していくという喧嘩中心型の国家に、ね。それにより日本は国始まって以来初めて欧米型の国に一気に変わっていってしまったのです。たとえて言うと、それまで草食獣だった草しか食わない動物が、突然肉食獣が群がる国際社会に投げ込まれてしまって、「お前も一人前に戦え、さもないと殺されちゃうぞ！」と言われて、「そうか、喧嘩するのが万国公法の正しいやり方なのか」と思い込んで、曲がった角でついてみたり、草を噛む歯でぴっと噛んでみたりしたけど、相手を一発で殺すための必殺の牙をいつも研いでいる数千年の歴史を持った猛獣民族と戦ってみても、ちょっと噛ましてもらうくらいで勝負になるわけがない。

日本の非戦・文化遺伝子こそ、これからの世界を救う可能性あり

このように国家としての日本は明治開国後、一気に富国強兵の道を突っ走っていったのですが、一方

で、多くの日本人の心の中にはどうも日本の軍閥のやり方はよくないのではないかといった疑問もなかったわけではありません。現に私の世代でも、戦争中は学生だったのですが、軍国主義に正面から反対すれば牢屋に入れられるからそこまではしなかったけれど、私は学生仲間と一緒に宮城に向かって敬礼なんてしたことがなかったし、天皇は人間だと思っていたから、人間の神様なんて存在するのかなとか、そんなふざけた話を友だちの間で交わしていましたね。山手線の代々木あたりで明治神宮が近くなると、わざとちょっと向こう見たりして反抗してたくらいです。

私のような人間でもそうだったのはどうしてか。それは、日本人の中に、戦争はいいことじゃないという文化遺伝子が保たれてきたからなのです。ところが明治開国前後から戦争に勝てる国造りをしなければ日本という国が西洋の植民地になるという恐れが現実にあったわけです。だって当時は、日本以外にはアジアにはわずか四つしか独立国はなかった。アフリカにはほんの一か国、エチオピアしかなかった。後は全部英独仏、ベルギー、オランダの植民地だったのです。全世界がヨーロッパに逆らえば植民地になる時代だったのです。

日本なんてイチコロだった。で、幕末、江戸城明け渡しに際して勝海舟と西郷隆盛が会談したのは有名な話ですが、あの背後には英仏の暗躍もあった。イギリスは官軍を後押ししていたし、フランスは幕府を応援していて、いずれにせよ内乱状態にさせて、どっちかが勝てば英仏いずれかの植民地にするとの密かな筋書きがあったわけです。

ところが勝や西郷らはオランダを通して世界の弱肉強食の状況をちゃんと知っていたから、「これは内輪の問題につき、フランスさん、口出さないで。イギリスさん、引っこんでください」と深刻な内乱状態になる前に事態を収めたから助かったという次第。インドとか他の殆どの非西洋の国がなぜヨーロッパに征服されたかと言えば、必ず国内の内紛の解決を後ろから援助するヨーロッパの国に頼ってしまったから。内紛には勝ったものの勝ったとたんにその国のものになってしまったのです。勝や西郷らにかろうじて内部自力解決する智恵を与えたのも、つまりは江戸時代を通して培われ、伝承されてきたレベルの高い文化的な力、そして日本古来の非戦の文化遺伝子が国家的な危機に際して働いたからだとみることもできるでしょう。

タタミゼ文化の普及で世界中を柔らかに！

さて、そろそろ今日の話の結論です。それは、私たちは今こそ江戸時代を新たな眼差しで見直さなければいけないということに尽きます。それから日本（人）自身の生き方に改めて自信を持てと言いたい。日本も最近はいろいろと難しい問題が出てきていますが、それでも江戸時代を通して育まれてきた根幹は揺らいでおらず、素晴らしい国なんだということにまずは日本人自身が気づき、自覚を持ってほしいということ。一般庶民がみんな文字が読めて、新聞までよく読んで（最近はネット情報の方が便利らしくそうでもないかもしれませんが）、とても多くの人たちが俳句や和歌、川柳などを詠むほどに教養ある民族は世界に他にはないことを知ってほしいのです。だから、今さら欧米に憧れる必要などまったくないのだということ。むしろ彼らから憧れられなければいけないのです。そのためには日本語を教え、普及させないといけませんね。

あわせて最近よく思うのは、人間は、どう考えても悲劇的な存在だということ。キリスト教で言う「原罪」、仏教で言う「業」、「カルマ」とからむテーマかもしれませんが、結局私たち人間は、やってることが良い悪いの判断をする唯一の動物なのです。ライオンはシマウマを食ったたってすまんなーとか思わないだろうし、小鳥も虫食べたからって苦悩してるふうには見えない。その代わり、小鳥が虫を食ってお腹いっぱいで満足と感じた途端に鷲に食われて殺されることがあるのが自然界のならいというもの。それが輪廻であり、万物流転であり、ヘラクレイトスの言う ta panta rhei（万物は流転する）。

そこで人間もたいした理性を持たず、反省能力もなしに生きていれば、たぶん人間だけが地球上にこんなに増えることもなかったであろうし、もっと地球全体の生態系が穏やかで安定していたに違いありません。ところが、どういうものだか、これが私には分からないのですが、どこかの神の意志なのか、それともなるようになったのか、人間だけが自分の行為の善悪とか幸福とかそういうものを考える能力を持ってしまっている。つまり理性の動物。この理性を特に発達させ、悪用もしてきたのが欧米だと言ってもいい。これが人間を良くもしたけど、今、人間自身と地球を奈落の底に突き落としている。この理性というものを何とかコントロールしていく必要に迫られています。

で、今私が切実に思っているのは、だからこそ本来の日本人みたいに、あんまり物事を理性的に突きつめて難しく考えるのではなく、何か行き詰ったり、問題解決を迫られれば、まあ一杯どうですか、花見にでも行きましょうかというふうに、問題点をそらして自然解決に委ねていく方が動物に近いという意味ではすごく地球に優しく好都合なのではないかと思うに至っています。日本語には主語がないとか日本人の表現は曖昧だとか、「Yes」「No」がはっきりしないという批判は相変わらずあるし、私自身も悪いと考えていた時期もありましたが、今は意外にそうした日本語、日本人の特徴が、名実ともに危機に瀕している世界を救うかもしれないと本気でそう考えています。

理性偏重できたヨーロッパでは、「お前は悪い、お前は間違っている、悪魔の化身だ」みたいに他人を断罪して、火あぶりの刑とか追放とかを何百年も、あるいは千年以上も続けてきた。キリスト教の歴史とは異端追放、異教迫害の歴史に他なりません。そして内輪では新旧の血みどろな宗教戦争の歴史です。本来同じ「啓典の民」（＊啓典とは神の啓示を記した文書。イスラーム側から見てのユダヤ教、キリスト教はイスラーム教と同根の宗教であり、本来仲間であるとの表現）であるはずのイスラームとの戦争は今でも続いている。

ところが日本には宗教戦争がないのです。十六世紀後半（一五七三年）の織田信長による一向一揆平定はありましたが、あれは宗教による政治介入排除の動きと見るべきでしょう。ともあれ日本では、各宗教みんながいいんだよとなってきたし、今もそうです。仏教もキリスト教も日本古来の神道もみんな元は同じだから、どれもいいという本地垂迹の説が生まれてきたのは日本では必然だったのです。どこかに広大な宇宙的な神、真理があって、それが風土と条件と場所によって違う姿になって現れるのだから、みんな違っていて当然だし、違っているから素晴らしいのだという考え方。ですから日本人の宗教人口というのは実人口よりいつも一・五倍は多い。日曜には付き合いでキリスト教の教会に行っても、その足で神社に行けば手を合わせる人が圧倒的に多いのです。また、昔から神社とお寺は共存共栄でやってきたのです。ヨーロッパ人にとっては驚くべきことであり、めちゃくちゃだと思う人が多いだろうけど、しかし、それが喧嘩しない秘訣でもあるのです。

にもかかわらず、明治の初めに廃仏毀釈運動というのをヨーロッパの真似してやらなきゃいけないと思い込んで煽った時期がありました。日本人の発想からはありえない暴挙の極みで、あれにより重要文化財がどれだけ壊され、結果としてどれほど多くの国宝級財物がアメリカにタダ同然でたたき売られていってしまったことか。善悪二元論にとらわれて、是非を断じることの愚かしさを改めてふり返る必要があります。

で、私たちは、このなんとも曖昧模糊としたよく分からないけれど、まあそんなこと言い張らないでという「タタミゼの精神」（と私が提唱している日本文化の真髄）に触れると、人間が妙に柔らかくなって、ヘンなアメリカ人、ヘンなフランス人になる現象。これを世界化していきたいと願っているところです。つまり、日本語というのは人間をふにゃふにゃにする言語である。しかし、ふにゃふにゃ人間が増えれば、宗教戦争をはじめ戦争など馬鹿げたことは起きないし、地球環境破壊のペースも落ちることになるでしょう。

最後の方は駆け足になりましたが、時間が来たので、今日はこれで一旦終わりとします。「同根多様性」と「異根多様性」の区別の話はまだ考え始めたばかりですから、今後発展させて、また改めて話す機会を持てれば、その際にということにしておきましょう。

三　グローバル化時代を迎えた日本の大学の中心は文学部だ
――私の考える人文系学問再生案（骨子）

今日の演題は事前に発表されたのは「グローバル化時代の人文学」となっていたのですが、本日私の方で訂正して標記のように決めました。工学部でもなく理学部でもなく文学部が中心になるべきだと。これは世の常識、ことに今の政府（＊安倍政権）の考え方とは真っ向から対立する主張です。しかし時の政府に反対するのは福沢諭吉以来の慶應義塾の伝統であり、その意味では伝統は脈々と生きているとも言えますね。ただ内容が果たして皆さんの納得が得られるかどうか…。いずれにせよ、今日は一生懸命話しますので宜しくお願いします。

「西洋の没落」がいよいよ本格的に始まった

今日の話は一時間ということですので、いきなり本題に入りますが、私がまず言いたいのは、現在、西欧の没落が本格的に始まっているということ。第一次世界大戦のころにシュペングラーという哲学者がいち早く『西洋の没落』という本を書いており、その延長と考えてもいいですけど、とにかく西洋文明というものが過去五百年間、世界を圧倒的な力で支配し、幕末・明治の日本もその力の前に抵抗もできず脱亜入欧、富国強兵、殖産興業、その他西洋型の近代的国家に衣替えせざるをえなかったというふうに、我々も非常に強い影響を受けてきたのです。その西洋というものが今大きく揺らぎ始めている。西洋文明が本当に没落し始めている。

その理由は二つあって、一つは近代西洋というのは本筋だけをとれば資本主義と言っていいのですが、この資本主義が立ち行かなくなっているということ。資本主義はかつては植民地主義となったり、奴隷貿易を行ったり、あるいは日本に開国を迫ったり、中国ではアヘン戦争を引き起こして無理矢理門戸を開けさせるとか、具体的にいろいろな形をとって発現するのですが、いずれにせよその本質的な仕組みは絶えず新しいものを食べて動いていく、処女地を開拓しフロンティアを広げていくという運動体なのです。しかも作り出したものを買ってくれる需要、消費者層を常に広げながら産み出していかねばならないという無限の自己拡張運動なのです。そうでないと資本主義はうまく回転しない。私は別に経済の専門家ではありませんが、資本主義というのはどうも無限の拡大再生産システムというか、何かを絶えず新たに食べていないと立ち行かなくなる性質のもの、つまりは自転車操業みたいなものなのです。

それが実は今、この地球上に新たに食べるものがなくなってきた。人類がどんどん人口を増やしてイエス・キリストのころには二億しかいなかったと言われているのに現在は七十五億になり、まもなく百億にも達する勢いで、有限の地球の隅々にまではびこっている状態。もはや無人の境などどこにもないのです。昔は西洋にとっての新たな開発地としてアフリカがあったし、アマゾンもあった。それ以前はアジアも新たなフロンティアであった。その当時の西洋人にとって白人以外は人間とみなされておらず、原住民がいても無人の境同然だったのです。だから植民地をどんどん広げられたし、資源も無限に開発できたのだが、今はどこに行っても人間同士がぶつかってしまうようになり、フロンティアというものがなくなってしまった。これが資本主義の根本を揺るがす源になっているのです。

それもあって最近資本主義は実物の資源とか製品から離れて、金融という形のないものに移っていって、その種の研究でノーベル賞をもらったアメリカの経済学者が何人も出てきています。この人たちが本当はタチの悪い人種だと私は考えています。もちろん良い悪いの基準は絶対的なものではありませんが、私の基準は明快で、それが、人類が今後も存続するためにプラスになるかならないかということ。そしてそのためには、人間以外のあらゆる動植物、自然界に生息するばい菌まで含めてありとあらゆる生物とのつながりが保たれることに役立つ研究や活動であるかどうかという一点です。人間というのは自分だけで独立して生きているのではなく、この地球の自然界にある全てのものと複雑につながって生きているのであり、その循環の持ちつ持たれつの共生システムを壊す方向にゆく人間活動は具合が極めて悪いと言ってるわけです。

そして、人間という生きものが現在あまりにも多く増殖して、しかも文明を著しく発展させたために自分で自分の首を絞めるプロセスが始まっているということ。これまでは文明の進歩で、たとえばどこにでも旅行に行けるようになった、飛行機で海外とも自由に行き来できるようになった、電話もどんどん進化しているといったことは手放しで喜ばれてきたのですが、そうした進化が必ずしも良いことなのかどうか、疑う必要もある時代になっているということです。

古い話ですが、私が一九五〇年にアメリカに初めて留学で赴いたときは、日本に電話するなんて全く考えられなかった。エアレターという航空便を使って手紙を出すと二週間かかって届いて、返事が来るまで一か月もかかった。それが今は、毎日親子とか友だちと電話で話せるし、メールもやりとりできる。これはそれだけとれば素晴らしいことだけれども、しかし、そうした便利さ、進展に伴って自然がどれほど破壊され、人間自身もいかに自分の墓穴を掘り進めていることか。その大矛盾が明らかになってきている現実を直視しなければならない時代なのです。その意味では、このような地球環境破壊文明を先頭切って推進してきたアメリカ型グローバリゼーションというのは悪の極致なのだと私は言いたい。

グローバリゼーションの進展は人類滅亡への早道

一六一六年、イングランド王国のシェイクスピアが死んで暫くしたころからヨーロッパの原型ができたわけです。それまで約三十年続いた宗教戦争が終わって、国民国家の集合という形のヨーロッパが出現した。国民国家というのは、それぞれの国が違う歴史、風土、言語を持っていて、「他所の国がいいと言っても俺の国は違う」というふうに、様々な国の違いの平準化を阻むようなチェック、抑制機能が働く国境があって、簡単に人間は移れない、パスポートがないとアウト、移民が来たいと言ってもお断りという原則を堅持した国家のことであり、それぞれが主権を確固として持ってるのが国民国家だったのです。

ところが現在は、この国民国家の主権を飛び越して世界中が一つの経済圏、物流圏になろうとしている。これはすごく便判であると同時に、これまで人類が考えもしなかった大きな落し穴がポッカリ開いていて、そこに全人類が吸い込まれかねない状態になっている。それが今の西洋文明主導型の世界、グローバリゼーションなるものの持つ負の本質であり、地球と人類の未来を守る上では決定的に間違った悪の権化なのです。だから私は、こんなものはやめなくてはいけないということをかなり昔から多くの本に書いて訴えてきたのですが、そんなこと言っても無理であり無駄ですよという人の方が圧倒的に多いのが現実。

でも考えてみてください。慶應義塾の創始者である福沢諭吉先生が日本の近代化を考えたとき、そんなことは無理だと思わせるほど、日本の当時の社会と、いわゆる西洋文明国とは違っていたわけです。けれども上野の山で、彰義隊と官軍が戦闘している砲声の中でも、慶應義塾は英語の本を読んで「人間の近代世界とはこういうものなのだ。我々はこれまでの古い世界を捨てて」というふうに、無理を承知で、西欧に合わせた改革を進める「文明開化」に貢献していったのです。そうした努力のおかげもあって日本は一応西洋的な近代化に成功し、この百何十年の間に経済的な超大国の一つにのし上がってくることができたのです。

このように、日本が短期間で変われたという歴史的事実がある以上、今の世界もこれまでとは違う姿に我々の考え方、出方次第ではなれないとは言えない、いや変えることが可能だと言えるでしょう。変革というのは、変えようとする強い意志を持った人がどれだけ増えるかにかかっているのです。変える方向は明治維新のころとは真逆になりますが。

ここで話が少しそれますが、このように西洋的近代化に成功した日本なのですが、これに対して欧米からは、日本はまだ完全に西洋になりきっていないという批判が出ることがあります。たとえばフランスからは、かつて日本のトランジスタがフランスの市場を制圧してしまってフランスが困ったときに、時の首相のクレッソンが、「日本が安くて、こんなにいいラジオを作れるのは日本人労働者の住宅がウサギ小屋（ラビットハッチ）みたいに小さくて労働条件も悪く、西洋水準になっていないからだ。つまり不正な労働搾取によって日本は安い製品を作っているのだ」みたいな批判を行ったことがあります。フランスと日本とでは国土の広さや地形が大きく異なる上に人口が日本の方が倍近くあるというふうに条件が違うのに、日本はアンフェアだ、欧米とは違うと批判したのですが、もちろんこれは筋違いというもの。なので、日本の労働者の置かれた状況が大幅に改善されていくにつれて自ずから消えていったわけですが、近代化の進め方にもいろいろ違いがあっていいという考え方に欧米はなかなか立てないという事例でもあります。

そのフランスについてさらに言えば、今でも大都会の真ん中以外は昔ながらの田舎がたくさん残っていて、素晴らしい、まるでミレーの『晩鐘』の絵みたいだなと思える場所が多々あります。それがいわばフランスならではの美点であり特長なのですが、今や世界はそういう違いや多様性をどんどん無くす方向に人間の努力が傾けられていて嘆かわしい限りです。世界の様々な国、地域の複雑な伝統の違い、歴史や風土の差異を無視して平準化する動き、規制緩和の名の下での世界基準一元化の動きが強まっており、それがつまりはグローバリゼーションというわけです。

先述した通り、私はこのグローバリゼーションがこのままの勢いで進めば、人間は自らの努力によって掘り続けた巨大な落し穴に自ら落ちて滅亡するほかないと確信しています。グローバリゼーションとは、各国の様々な歴史、文化、自然、風土、言語の相違を「力づくで」無きものにする動き、つまりはエネルギーを大量に浪費するアメリカ文明に強制的に同一化させようとする流れだからです。今の日本の政権が進めているアベノミクスなるものも、そうしたバカげた流れに与する一つというほかありません。日本の産業のみならず社会構造にまで及ぶ、お決まりの「構造改革」なる外圧に屈するのは日本の自滅を早める道であり、さらには世界の崩壊に手を貸す愚行以外の何物でもないのです。

というわけで、西洋文明の最後に行きついた段階が今のグローバリゼーションで、先ほどふれたアメリカの経済学者らが七、八年ほど前に考え出したサブプライマリー・ローンなんていうのもその最後の悪あがきみたいなものです。なにしろおカネを借りても返せないということが分かっている人たちにも騙して家を買わせて財産を与えて、しばらくすると破産させて、その結果がリーマン・ショックになったりして、というふうに以前なら考えられないような悪質な出来事が次々に起こって金融界が大揺れになってきたのが近年です。こんなふうに西洋文明は、今や「没落」に向けて最終局面に入っていると予言してもいいくらいなのです。

私は今年（二〇一五年）で満八十八歳ですから、もういつ死んでもおかしくはないのですが、あと三十年生きていたら、恐らく世界の崩壊を目にすることができる真に「正しくて幸福な」予言者になれるかもしれませんね。実はそうはなってほしくないと強く望むからこそ、私は以前から何度も警告し予言してきたのであり、ここは痛しかゆしで、ものすごいジレンマに苦しむところでもありますが、私は自分の予言の結果を自分の眼で見ることになる世界で最初の珍しい予言者になるのではという密かな愉しみ（？）も手放すことができません。

地球と資源の有限性

もう一つは、地球は何もかもが有限のある意味でとても小さな星だということがようやく意識されるようになってきたということ。つい最近までは、地球は広大無辺で資源は無限にあるというのが殆ど全人類の常識みたいになっていたし、とりわけ近代の経済学の暗黙の前提だったのです。だから経済学のテーマはそれらをどう公平に効率よく配分するかということであって、資源が有限であり、いずれなくなることを踏まえた経済学なんてありえなかったのです。ところが現実問題として、今のまま人口が増え続ければあらゆる資源が不足状態になることは必定。経済学も根本から発想を変えないと存在意義を失うことになるでしょう。

一番最初に無くなる資源は森林で、これはもう限界にきています。次はレアメタルと呼ばれる希少金属で、コンピューターとか電子機器に必要な産出量の少ない金属。これがなんと中国で一番よく出るもので、そうすると中国は、そのマーケットを独占して値段をつり上げてというふうに厄介な問題が出てくることは間違いありません。

とにかく、地球上のあらゆる資源が有限なのだという認識を世界全体で共有することが求められているのであり、水一つとってもいくらでもあると思ったら大間違い。近い将来、地球は使える水危機に襲われるという問題は多くの地球学者や水学者が警告していることです。例えば米国西南部のいくつかの州にまたがる広大な地域には、太古の時代に地下水が猛烈に溜まって日本の国土の何倍も広い面積の地下に水があると言われてきたのですが、一九三〇年代以降その水が主には農業用に電気ポンプで汲み上げられ続けて、今ではあと数年後に枯渇するという研究報告が某大学から出されています。

このように、水も含めてあらゆる資源が我々が考えているほど無限にあるものではないということが漸く世界中の多くの人々に実感され始めたことも、資本主義の永続性に赤信号がともり始めたことの証です。

新たな宗教戦争の始まり

さて、これから話は二番目に移りますが、西洋没落のもう一つの兆候は、宗教戦争です。つまり、長らく鳴りをひそめていたイスラームが復活して、世界中でキリスト教を母体としている欧米と激しく衝突し始めていること。かつては西洋諸国の上に立ってスペインの一部まで領土にしていたイスラーム勢力が、ルネサンス以後の西洋の興隆でどんどん後退して、第一次世界大戦、第二次世界大戦を経てますます追いやられ、アフリカやアジアでも大幅に影響力を低下させてきたのですが、それが俄然息を吹き返して、世界中に大きな波紋を投じるようになってきています。その第一歩が一九六〇年に中東を中心とした産油国によって設立された石油輸出国機構（ＯＰＥＣ）の出現であり、その影響力拡大です。その後相次いだ第一次オイルショック、第二次オイルショックなどというのは、まさにイスラーム巻き返しの印《しるし》だったのです。それまで一バレル二、三ドルと安かった石油価格がどんどん高騰して、欧米諸国はふり回されることになった。資本主義を支えていた安い燃料が手に入らなくなって日本でも大騒ぎでした。

私のような古いイスラーム研究者にとっては、イスラームの問題というのはシーア派とスンニ派というムハンマドの後継者をめぐる争い。そしてそれとも深く関連することだが、ペルシャ文明がイスラーム化したこととアラブ文明がイスラーム化したことによる内輪もめととらえて、その対立をめぐる研究が主だったわけです。

ところが、今はイスラームというものがシーア派、スンニ派の違いを問わず西洋文明に復讐を始めているように思えます。ヨーロッパにおいて中世が終わり近代に入る段階で起こったかの凄惨な宗教戦争が、もう一回ぶり返し始めたという感じ。ご承知のようにキリスト教国同士でもプロテスタントとカトリックの間で三十年戦争をはじめとしてもの凄い宗教戦争が多々ありました。さらに魔女狩りもあったし、とにかくキリスト教の名において無数の争乱や侵略、殺戮が行われてきたのです。

それから、キリスト教とイスラームの間で十字軍というとんでもなく無茶な戦争もありました。なぜ無茶かについては後述するとして、その前に私たち日本人が抱いている十字軍に関する知識の殆どは西洋経由だということを知っておく必要があります。イギリスのブリタニカ百科事典にある十字軍に関する記述を見ても全部西洋の眼、つまり侵略者の立場から書かれています。ところが私は幸か不幸かイスラームを勉強して慶應でもトルコ語の講義を何年もやっていましたから、トルコの歴史書、教科書が読めるわけです。そうすると全く見方が異なることが分かります。

そちら側から見れば、血に飢えたキリスト教徒どもが勝手にやってきて皆殺し、皆殺しの連続で、第一回十字軍というのはキリスト教徒の中でも、いくら何でもやりすぎだという批判が出たほど非道な攻撃を執拗に重ねたとなっているのです。それでもなかなかラチがあかないとみるや、純真な子どもたちを使えば、イスラーム側も手が出せず勝てるだろうとか言って「子ども十字軍」などという軍まで、ラッパで集めて派遣したのだが（それが「ハメルンの笛吹き男」寓話の素になったという説もあります）結果的には皆イタリアの奴隷商人に売られて悲惨な目にあったという話もあったりで、とにかくイスラームと西洋は血みどろの戦いを長い間重ねたのですが、日本人にはこの戦いを公平かつ客観的に知る材料が与えられていないと言っていいでしょう。

スペイン、ポルトガルが位置するイベリア半島の多くも八世紀から十五世紀まではイスラーム世界だったのであり、有名なコルドバやアルハンプラ等もイスラームだったのですが、レコンキスタと言われるキリスト教徒による国土回復戦争が長く続けられ、最後にシャルルマーニという英雄が現れてイスラームを追い返し、一四九二年のグラナダ陥落によってイスラームはようやくイベリア半島から姿を消すことになったのです。これだけとればキリスト教徒、キリスト教国にとっては、めでたしめでたしだろうけど、実は同時にスペインからのユダヤ人大追放が始まり、それが近代におけるユダヤ人放浪の始まりとなったという歴史も日本人には殆ど知られていないこと。このように西洋にとって都合の悪いことは日本人の知るいわゆる世界史には書かれていないのです。

日本漢字＝「悪魔の文字」論の愚劣

つまりこれまでの世界史とは西洋人の世界の見方にすぎなかった。西洋人の価値観に立っての西洋人の自画自讃の趣きが強い歴史だったということ。言語学の領域でも、西洋の言語（英語、フランス語、ドイツ語等）を世界の最も進んだ言語だとする言語学が日本で明治以来受け入れられてきたのと同じ構図です。今に至ってもチョムスキーの文法が一番だと思い込んでチョムスキーを研究する言語学者が多いのも、その名残でしょう。日本語の特質や素晴らしさを研究し、世界に広めていこうと考えている言語学者など殆どいないのです。それどころか、日本語は発達の不充分な言語だと決めつけている欧米の学者がたくさんおり、その影響も受けて、日本語の「改革」「改良」を目指した日本の学者や知識人も結構いましたね。特に日本の漢字への批判は強く、悪魔の文字だといった見方も少なくありません。あんなに面倒くさくて習得に時間がかかる文字は目にも悪いし（だから日本人には近眼でメガネをかけてる人間が多いとまで）止めた方がいい、ローマ字に変えた方がいいという意見は、つい最近までかなりあったのです。

ローマ字という子どもでも覚えやすくて、あとは一生文字で苦しまないですむ簡便な言語にすべきだといういわゆるローマ字論者は、日本の明治時代から掃いて捨てるほどいたのですが、近年で有名なのは梅棹忠夫さんという学者。『文明の生態史観』というベストセラーにもなった名著も書いた人物ですが、この人は日本人がどうしても漢字をやめられないのであれば、せめて漢字の音訓二通り読みだけは廃止すべきだと亡くなるまで主張し続けていました。これさえできれば日本語の表記はかなりすっきりして、日本語を学ぶ外国人も含めて皆どんなに助かり喜ぶことかというふうに。実は日本が戦争に負けて米軍の占領下にあったとき、アメリカの教育使節団がやってきて日本語を調べて、日本人の大方がローマ字に馴染んだら日本語の文字はローマ字に変えるべきだという勧告を残していったことがあるのですが、梅棹さんほどの大学者であってもこうした安易な日本語観、日本漢字＝悪魔論に縛られていたということなのです。私はその後しばらくして、当時の国語審議会に最年少の委員として選ばれたのですが、その会では一貫して日本の漢字は日本語がある限り永遠に不滅だと主張し続けたものです。他にも私の主張に賛同してくれる骨太の委員もいて、結論としては「当用漢字」（つまりローマ字が日本国民の間に普及するまでの当座の用を足すために暫くは残すという意味）方針だったのを「常用漢字」（つまり漢字は永遠に残すということ）に修正することに貢献できた次第。

もしも漢字が米国教育使節団の勧告にある通り、悪魔の文字で、学習に時間が取られすぎ記憶にも負担になる、他の大事なことの勉学にも支障が出たから、日本はアメリカに戦争を仕掛けるという愚行に走ったのだという理屈が正しいとすれば、敗戦後わずか二十年余でアメリカをも脅かすような経済力や技術力、文化力を持つ近代国家に発展しえた実績とその秘密が解けないことになりますね。

私にとっては、終わりよければ万事よしで、あの大敗戦後も不死鳥のように短期間で見事に甦った日本の底力発揮に漢字がマイナスに働いていると考えることは絶対できないし、すべきではない、むしろ漢字があってこその大いなるプラスであり復活力と受け止めるべきだということ。世界中で一番文盲が少ないという事実や教育（制度）が相当に充実している事実も「悪魔の文字」を使っていては絶対にありえないことでしょう。つまり「漢字＝悪魔の文字」論は全くバカげた論でしかなかったのです。

とはいえ、現在日本の教育（行政）には国家があまりおカネを使わないとか問題も山積しており、これを国際比較すれば、さらにみすぼらしい数字と順位になるのですが、しかし、思えば、この国際比較とやらの基準も問題で、ＯＥＣＤなんかでやると、これまた皆、欧米＝ヨーロッパ基準で世界を見ているわけで、あまり信用すべきではありませんね。

日本（人）のナサケなく良い面が植民地化を防いだ

話を一寸変えますが、十九世紀の後半に日本は下手をすればイギリスかフランスの植民地になる恐れ、中国やベトナムの次にやられる可能性が大きかったということは今さらながらに知っておいていいことです。徳川方にはフランス、官軍にはイギリスがついていたので、もしも本格的な内戦となれば、いずれか勝った側を支援した国の実質的な植民地になった確率は極めて高いのです。しかし、実際には、ぎりぎりのところで日本的な叡智が働いて、勝海舟と西郷隆盛との会談等を通して合意が図られ、本格的な内戦は回避できたという次第。この背景としては、一八六三年七月の薩英戦争、六四年八月の英国等四国艦隊による長州・下関砲撃があったはず。この二件を経て、薩長をはじめとする日本は西洋諸国の軍事力、技術力の圧倒的な強さ、攘夷の難しさを痛いほど知ることになったのです。それで苦もなくやられた日本（この時は具体的には薩長）は、あっさりと「私、間違えていました。今度は教えてくださ い」と豹変して欧米から猛烈に学ぶようになる。これが日本人の良いところ、というかナサケなく良いところなのです。そこから一転大政奉還後は維新開国へとカジを切っていったのです。

つまり日本は相手が本当に強いと分かったら、戦ったり追い返そうとしないで、先生扱いして「教えてください」と従順に教わる態度に切り替えることができるのです。そこが中国やインド、イスラーム諸国とは違うところで、なんとも情けないが、しかし当時としては極めて賢明でもあった。このように本格的な内戦も回避した上に、西洋諸国には徹底してへりくだって教わる態度に転換できたからこそ、土壇場で植民地化を食い止めることができたのです。しかも先生から先進文明をマネして吸収していけばいいのだから時間も稼げたわけです。イギリスが産業革命で百年かかった変革を日本は二、三十年でやれたのですから大いに助かりもしました。見よう見真似でちょうど日本舞踊のお師匠さんについた弟子みたいに愚直に真剣に学んでいったので習得も早かった。後発効果を存分に活かせたとも言えますね。中国とかインドはヨーロッパよりも遥か先に苦労して自分で巨大文明をつくったわけで、ヨーロッパから馬鹿にされても自分の腹を痛めて産み出した文明を簡単に棄てて乗り換えることができず、ヨーロッパに歯向かっていったからやられて、植民地あるいは半植民地とされて惨めな状態に追い込まれてしまったのです（もっとも日本も独自の文明を縄文時代からつくってきたのであり、それを全て棄てさって欧米文明に乗り換えたわけではなく、むしろ独自の古くからの文明を底部にしっかりと残すことができたからこそ日本の今日があるのですが、そのことについてはここではさておき）。福沢諭吉がアジアの国々のそうした悲惨な状態を見るにつけ、おそらく断腸の思いで書いたのが、今日では評判があまりよくない有名な「脱亜入欧」論というわけです。

『文明の衝突』が激化する時代に

そんな時代から百何十年を経て、今また世界は大きく揺れ動いています。一九九一年十二月にソ連邦が崩壊し、冷戦終結が言われた前後に、フランシス・フクヤマという日系アメリカ人の国際政治学者が『歴史の終焉』という本を書いて一時もてはやされたことがありました。世界はそれまでイデオロギーの対立と争いが絶えなかったが、二十一世紀の世界はアメリカ的な民主主義と市場経済秩序がグローバルに広がり定着するので世界中が平和で繁栄を謳歌する時代になる、つまりは変動や混乱がつきものという意味での歴史は終わりなのだという楽観的な予測を書いたのです。

しかし、これはとんでもない見当ちがいでした。二十一世紀の世界は衝突と対立、紛争がますます増大するばかりの大混乱の時代となっています。一九九三年に同じくアメリカの国際政治学者であるサミュエル・ハンチントン（当時はハーバード大学政治学教授）が『文明の衝突』という本を著して世界中に波紋を投じたのですが、此方の方がはるかに当たっていたわけです。世界にはそれぞれ異なる八つの文明があるが、それぞれ大きく異なっている以上、これからは衝突が不可避になるだろうと分析したのです。まずは欧米とイスラームの衝突、そしてテロ事件が激化する一方だし、中国とロシアという近代化の遅れた十九世紀的な文明大国はかつてのヨーロッパを支配した「力こそ正義」といった帝国主義的原埋にのっとってじわじわと勢力拡大を進めているというふうに、ハンチントンの予測が的中の世界となっていますね。だから日本は安閑となどしていられないのです。

現政権の安倍首相らがやっているのは、とにかくアメリカにくっついて、何でもアメリカ力に合わせていけば日本は安全という考え方のようですが、これは全くもってよくない、日本がやるべきことは別にあるというのが私の考えです。

福沢諭吉が慶應・三田に「演説館」を造った先見の明

私の考えは、言語学者だから言うわけではありませんが、アメリカとはとにかく適当な距離をつくりながら、ことばというものが武器だという発想、つまり「武器としてのことば」という考え方を明確にして、それを基に世界をある意味舌先三寸でまるめることができる（私みたいな）人間がたくさん生まれるような教育に学校教育、とりわけ大学文学部の教育内容と役割、使命を変えていかねばならないということです。

日本には元々ことばを使って人を説得する、世の中を導いていくという伝統がありません。その点で福沢諭吉が偉いのは、慶應・三田に敢えて「演説館」を造ったこと。この館は今も文化財として残っていますが、これを造った理由は、ヨーロッパに行ってみると向こうでは政治にしても裁判にしても公のことは全て話しことば（広い意味での演説）で決まるという事実を福沢が知ったことにあります。その演説、スピーチを聴いて政治家や識者、あるいは裁判で争っている両方の立場の優劣を聴衆が判断し、物事を決めていくというシステム。これに福沢は驚くとともにいたく感銘を受けて、日本にはそうした伝統がないので、あえて三田に「演説館」を造ったのですが、日本人の大方は慶應関係者も含めてその本当の存在理由や価値が理解できず、あまり演説の場としては活用されてこなかった。その意味ではちょっと寂しい館であり続けてきたのですが、今からみれば大変な先見の明だと言わねばなりません。

なぜかと言えば、明治開国期に日本の文部省は欧米のめぼしい学問、学術は殆ど全て輸入したのですが、唯一つだけ輸入しないものがあった。それが弁論術とか雄弁術、レトリック術というもので、日本では伝統的に軽視、というより軽蔑されてきた学問領域なのでした。伝えたい己の真実はできるだけ短いことばで、寸鉄人を刺すように言うのが男だ、みたいな文化、むしろ「言わぬが華」といった話しことば軽視の文化が日本の伝統だったのです。こうした文化、言語観のままでは世界に打って出ることができないという限界を明治初期の段階で福沢諭吉は分かっていたということなのです。

この福沢諭吉の考え、三田に「演説館」を造った志、しかしその慶應をも含めて福沢の信念や思いは必ずしもその後継承され、発展してきたとはいえない歴史と現状をふまえて、私は、これからの大学文学部のあり方を考えたいのです。今こそ「演説館」に託した福沢諭吉の悲願も受けてグローバル化時代における日本の大学文学部のあり方、人文系学問のあり方を見直し、その新たな役割、使命を一緒に考えていきたいのです。

その大前提として踏まえる必要があるのが、もういい加減、欧米人が言ったこと、書いたことをただ真に受けるような学び方、吸収の仕方、翻訳・紹介型の学問では全くだめだということ。欧米人の仕事の如是我聞《にょぜがもん》（私はこのように聞いた）式受容が何らかの意味を持ちえた時代はとっくの昔に終わっているのだということ。そういう受け身的な学び方ではなく、明治開国以来もう百五十年近くも経っている日本と世界の現状をしかと凝視して、日本人である自分が見るところ「どうもこれがいいらしい、これは間違っている」と自力で考え、判断してゆく流儀を身に付けることが肝心。そうすると、日本という風土、歴史、民族性、民俗の中で育った人間がいいと思うことと欧米人がいいと思うことにはもちろん共通点もあるに決まっているが、おおいに違う点がたくさんある事実がはっきり見えてくる。それが文化の多様性、diversity というものであり、この人間文化に固有の多様性についての認識を今こそ深め、共有していくことが何よりも求められているのです。

人間と他の動物との一番大きな違いとは

白人が南方に住むと皮膚ガンになりやすいのはなぜでしょうか。人間と他の動物との一番大きな違いはどこにあるのでしょうか。一言でいえば、他の動物は全て環境に直に接しているのに対して、人間だけは環境に直に接していないというところにあるのです。人間は環境との間に文化、カルチャーという中間的なゾーンというか装置をつくって環境から受ける衝撃を緩和し、吸収して、それぞれ違った環境に適応できる生き方を編み出してきた生き物なのです。この装置には目に見えるものもあるし、見えないものもあります。たとえば衣類、着物は目に見えるし、硬い食べ物を火で焼くというのも一種の衝撃緩和で目に見える行為。人間はこれによって硬いものを食べるために大きな歯を発達させる必要がなくなったのです。また極寒の地でも厚着したり火をたけば、毛むくじゃらになる必要がなくなったわけです。どんなに環境が異なる地域に行っても、その環境に合わせて生活様式、つまり文化を行く先々に合わせて変えることによって、人間は新しく生き延びる道を切り開いてきた生き物だと言えます。

だから人類、ホモ・サピエンスは北極でも、あるいはエベレストの麓からボルネオだのニューギニア、オーストラリアの砂漠まで地球上のありとあらゆる異なった環境の中でも暮らすことが可能となり、広く分布するようになったわけです。もう今では人間のいない所などないくらいで、アマゾンの奥地に行ってもちゃんと人間がいるのですが、その源はと言えば、およそ二万年前、ベーリング海峡が凍っていたときに、とぼとぼと寒いシベリアから歩いてアメリカ大陸に渡って、さらに南米まで行き着いた祖先がいたからに他なりません。その二万年の間に北米、中米、南米と環境の異なる地域、風土に出会う度に、その環境に適応する文化、生活様式を生み出していったのです。環境が違うのに同じことをしていたのでは生きることができないのが人間ですから。

ところが現在は、環境がひどく異なっても全く同じこと、同じ生活様式で暮らしている人間が膨大な数で出現していて、それが地球にとっても人類の未来にとっても深刻な問題になっているというのが私の大きな懸念なのです。同じような生活ができるのは、地球上のどこででも様々なエネルギーを大量に使うことによって自分の周りにさらに人工環境をつくっているということ。寒ければ暖房を入れ、暑ければ冷房するというやり方で電力を使えばいいという考えで、例えばアフリカの黒人も今では北欧やアラスカで暮らすことができてしまう。

実際に現在フィンランドには黒人がたくさん住んでいるのですが、本当はこれは不自然なことなのです。なぜなら肌が黒いということは太陽の光や熱が強い環境においてメラニン色素で体を守るために色素沈着しているからなのであり、神様がせっかく黒くしてくれているのにそれに反する生き方をしているということだからです。なので、黒人が北欧で冷暖房をやたら使って生活しているというのは本来あってはいけないことなのです。

逆に白人が南方に行くと皮膚ガンになりやすいという傾向があります。ルプスという癌。なぜか。白人というのは先祖が太陽の光が乏しい所で生きてきたので、できるだけ邪魔者の色素をなくして皮膚を透明にして、わずかな太陽の光を体に取り込むために体の一部を変えて白人になったという次第なのです。この辺は他の動物とも似ていますが、しかし他の動物と異なるのは、白人であれ黒人であれ人間としての本質は共通していて、肌の色の違いを越えて結婚が可能だし、育った環境で使われている言語はどんなタイプの言語でも必ず習得できます。そうなのではありますが、白人は例えばオーストラリアの南部などでは紫外線が強いと皮膚に防護膜がないためルプスという皮膚ガンにかかる比率が非常に高いのです。このように人間が自在に地球上を移動できるようになったのは便利で好ましい面もあるが、負の側面、自然の摂理に反した分のマイナスも多々あることを見ておかねばなりません。人間は異なる環境に移り住むとき皮膚の性質を変えて適応をはかるということはあっても、その本質部分を変えることはしないからです。

これに対して他の動物は行く先々で膨大な時間をかけてでもその風土、環境に馴染むように体の本質部分も変えて生き残りをはかっていくのです。何しろ環境に直に接して生きてゆくので、そうしない限り生き残ることができないから。そして生き残るためには余分になった能力や機能は持たず、そぎ落としていく。住んでいる環境に要らない能力や要素はもったいないから持たないのです。たとえば洞窟に住む生き物は光が入らないからだんだん目が退化する。その代わり、目は見えないけど、ひげの感覚が非常に発達して鋭くなったりする。コウモリなんて大きな洞窟の中で何万匹が飛び回っても決してぶつかることはありません。交通事故など皆無。それはなぜかと言えば、彼らは高い鳴き声で人間の耳には聞こえない高周波で交信しているからで、音の反射でもって相手とか壁とか天井とかがどこにあるか、一瞬で分かる能力を身に付けているから。エコーロケーションと言うのですが。

このように生物というのは偶々住んだ環境に最も合理的に、あるいは経済的に生きることができるよう自分の体を変えていくのですが、人間だけは体を本質的に変えないで、その代わり自分の周りに文化という緩衝地帯、中間地帯をつくって、必要とあらばそれを変えていく生き物なのです。

今やこれまでの人文系学問は根本から見直すべきとき

だから世界の文化は多様でなければならないのです。地球の持つ本来的な多様性を軽んじて、文化の平準化、同一化をグローバリゼーションの掛け声の下に進めていけば余計で膨大な人工的なエネルギーが不可欠となる。世界中のどこでもエアコンに頼った生活を広めていけば、寒い日でも冷房し、暑い日でも暖房をつけたりするといったエネルギーの無駄遣いもはなはだしい馬鹿げた生活様式が当たり前になってしまう。

こんな流れを放置しておけば、地球生態系の破壊や温暖化進行が限界を越えてしまうのは目に見えており、だから差し迫った危機を厳しく直視した上での発想の抜本的転換が求められているのです。今は一説によると、十万年かけて人間が自然に変化するところを、わずか一年でやっている、それほどに変化のスピードが速いという時代状況ですが、それだけ危機の深まりも速まっているということに他ならない。

だからこそ人文系の学問も今こそ変わる必要がある、変わらなければならないというのが私の今日の講演テーマでもあります。もうソクラテスがこう言った、孔子がこう語った、あるいはカントが、ヘーゲルが、マルクスが、といった学問をやっている場合ではないのです。こういった人たちがかつては偉大であったとしても、その人たちが思いもしなかった今のような時代に、古い学問はもはや役に立たなくなっていると言い切ってもいいのです。その意味では最近、文科省や経団連がしきりに言っている大学の文学部廃止論、さらには人文系の全ての学部の縮小論にも一理ないわけではないとも言えますが、しかし私が力説したいのは廃止論どころか、その正反対で、今こそ日本の大学の中心は文学部にすべきだということです。こんなことを言うと文学部関係の方でさえ驚くかもしれませんが、私は本気でそう考えています。

なので、これからがいわば本論ですが、その前提として言っておきたいのは、欧米の学問や文物を翻訳して輸入するという時代はとっくの昔に終わっているということ。明治開国期から百年くらいの間は翻訳・紹介の学問にも大きな意味と役割があったし、そういう能力にすでに漢学の長い伝統のあった日本人は長けていたので、日本はあっという間に西洋に太刀打ちできる国力、文化力を身に付けることができた。だけど、今はもうそのときではないのです。日本はむしろ世界に向かって教えるべきときになっているのです。開闢以来一貫して「追いつき、追い越せ」で習う立場にあり続けた日本が本質的に教える立場に変貌したのが、だいたい一九六〇年代後半、高度経済成長の波に乗って経済大国の一つにのし上がったころからです。だから、立場が変わってもう半世紀も経っているのですが、残念ながら日本人でこう考えている人はまだほんの少数にすぎません。まだ欧米から習う立場にいると思い込んでいる人の方が圧倒的に多いのではないでしょうか。この間違った自己認識をまず改めることが先決です。

アジア諸国をひとまとめで扱うのは間違い

それともう一点。私は今日本は明治開国以来もずうっと習う立場に居続けたと言いましたが、本当は先の「大東亜戦争」のころ、欧米からそう仕向けられた面も強いとはいえ、習うというより挑む、戦うという時期もありましたね。結果としては敗れて、敗戦後は特に米国から過剰なほど習う国になってきたのですが、そうした関係も同じく半世紀前に終わっていると私は言ってきているのです。ここで大事な事柄を付け加えれば、先の戦争をめぐって時々政治家がアジア諸国に謝る発言を行っていますが、このことについても私としては声を大にして言いたいことがあります。

それは、アジア諸国をひとまとめにして語ってはいけないということ。朝鮮と中国に対しては明らかに日本は植民地まがいにしたり、侵略と言われてもしょうがないことをしている。なので、謝るのはやむをえませんが、インドネシアとかインド、フィリピン、マレーシア、カンボジア等に対しては別に考える必要があるということです。かつてこれらの国々を長い間植民地にしていた欧米諸国を一時的だったとはいえ、日本がやっつけたり、駆逐したため、同じアジアの国である当時の日本の働きに拍手を送ったり感謝している国や人々が少なからずいるのですから。当時、アジアやアフリカに我が物顔で多くの植民地を持って世界に君臨していた白人国家群に対して、非白人、有色人種の国が挑んで、あのイギリスの首相、ウインストン・チャーチルが卒倒するほどのものすごい技術力と戦術でもって、シンガポール海戦で英国の誇るプリンス・オブ・ウエールズとレパルスを一気に撃沈したりもしたのですから。こうした日本の英米との戦いがアジア諸国の人々に勇気と励ましを与えたこと、それが以後の独立運動に弾みをつけ、活力を与えたことも歴史的事実なのですから、これらの国々と朝鮮、中国は一緒にすべきではないのです。現にこれらの国々と韓国、北朝鮮、中国とでは現在でも日本に対する距離のとり方、親日・反日の度合いがずいぶん違っていますね。

世界各地の多様な文化はそれぞれの環境に最適

さて、話を元に戻して、今や世界中を巻き込んでいるグローバリゼーションなるものについてもう一言付け加えておけば、世界各地の文化を進んでいるとか遅れているとかダーウィン流の進化論的な物差しで見るのは間違いだということ。それぞれの土地や地域固有の文化や生活様式は、それぞれに異なった環境に合わせて長い歳月をかけて産み出した最適の文化であり、生き方なのですから、進んでいるとか遅れているとかいう評価基準そのものが意味をなさず愚劣と言わねばなりません。現在、地球上の多種多様な、変化に富む自然環境に広がって、それぞれの土地の風土や気候に適した個性的な生き方を行っている人類社会に見られる驚くべき多様性は、遅れや後進性ではなく、皆どれも地域環境の違いから生まれてくる必然的な適応放散の結果と受けとめ、いずれも肯定的に評価すべきことなのです。

そして、だからこそなによりも文化の多様性を第一に考え、互いに互いの文化、生き方を認め合い、尊重し合って共生していくことが肝心なのです。いわゆるグローバリゼーションなるものはこの多様性を否定し、西欧流、特に米国流の経済、生活様式、文化等で世界を均質化しようとする動きであり、これは土台からして間違っており、地球と人類の未来にとって極めて有害な流れなのだということは何度でも繰り返し言っておかねばなりません。

そして今日の話の結論めいたことを言えば、簡単なことです。大学のあり方や文学部の役割を云々する以前の大前提として、皆さんには驚きであり抵抗を感じるかもしれませんが、この現在の豊かな生活を根本から見直して、どんどん今日より明日、明日より明後日というふうに世界の経済を縮小させてゆかねばならないということです。急に革命を起こすような変え方は望ましくないけど、ごまかしなく真剣に人類と地球の未来を考えるのであれば、皆が嫌でもそうした方向を目指すしかないという認識を広めていくことが急務。人間社会の平和と安寧だけでなく、人間が地球の全生態系の安定的存続まで脅かしている現状に目覚め、経済は言うまでもなく、あらゆる無駄な人間活動の規模縮小こそが私たち人間に今求めれている最優先課題だということです。

その参考に誰でもできることを具体的に言えば、エネルギー消費を少しずつでも減らす努力を、気がついた人から順番に日夜実行していくということ。こんなこと言うと主催者には失礼で申し訳ないことだと思いますが、本当は今日のこの会場の明かりだって、こんなに煌々と照らし続ける必要なんてないのです。強制するつもりはありませんが、もう少し明かりを落とした方が正しいに決まっているのです。そのような心がけや日々の努力を重ねる人間が増えていけば自ずから原発は要らない、石油もそんなに必要ないとなっていって、経済も自ずから縮小していくはず。考えてみれば、三十年前、四十年前の世界というのは日本もそうでしたが、今よりはるかに暗かった。五十年前はさらに暗かった。それでも人間、楽しく生きていたのは間違いありません。おそらく人々の幸福感は今より強かったのではないだろうか。暗いのが当然であり正しいとなれば、エネルギーをそれだけ使わなくてすむし、地球環境に与える負荷も弱まるし、いいことづくめなのです。

私は、もう二十年以上も前に『人にはどれだけの物が必要か』という本を書いて出版していますが、そこで私の生き方、エネルギー消費を可能な限り抑えつつ、衣類や電化製品等のモノは極力長く使って捨てない、買わない、そして拾って使えるものは使うという暮らし方を公開しています。大量生産、大量消費、大量廃棄、環境汚染・破壊が当たり前といった世の中の趨勢に対して、こういう生き方も可能だということを身をもって天下に示したかったし、それが私の使命だと確信してのことでした。幸いなことにそれなりに多くの読者を得てきていることから、私なりに世界を変えていく可能性がないわけではないという手応えを感じてもきたところですが、最近この本がドイツ語に翻訳されて出版されるという嬉しい出来事もありました。

我田引水みたいな話ですが、日本人の人文系の学者の著作が英語、ドイツ語、フランス語、ロシア語、スペイン語といった現在世界で支配的な大言語にどんどん翻訳されていかないと、日本にはこんな素晴らしいことを考えている学者がいるのか、ということが知られないままで終わってしまう。欧米の本の翻訳・輸入中心の人文系学問の時代は終わっているのだから、これからは特に日本からの発信・輸出型の学問に変えていかねばならないということの一例でもありますね。それが私が力説してきた「武器としてのことば」とつながるということもできます。我々日本人は、先の戦争に敗れて以来武器は捨てたのですから、武器に代わるものとしてことばを強力に使わなければならない。世界はことばの戦争で成り立っているのですから。

「牙のないウサギは長い耳を持つ」——人文系学問研究の再生に向けて

その一環として、トルコのことわざに「牙のないウサギは長い耳を持つ」というのがありますが、今の日本はまさにこの俊敏なウサギになる必要があります。戦争はしないと決めたのだから耳を長く大きくして、世界中の情報を世界で一番よくおさえて知っているという国にならねばならない。アメリカのＣＩＡもイスラエルのモサドもロシアのゲーペーウーも知らない情報を、日本がいち早くキャッチして、必要な手を打てる態勢づくりと人材育成に着手しなければならない。世界中の大事な情報は日本に聞けば分かるという国になる必要があるのです。

ところが残念なことに今は全くの逆。世界の情報が基本的に米国経由でしか入らず、しかも入ってくるのが遅い。経済大国なのに自前の情報収集能力が殆ど無きに等しい。特にアラブ諸国の情報などは日本の外務省は世界でも一番知らないと言ってもいいくらいでしょう。現地に派遣されている商社マンの方が詳しいくらいでもあります。そういえばこんなことがありました。一九七八年暮れにイランのシャー（国王）・パーレビが革命で追い出されて体制が一変したのですが、こうした兆候を日本は全く知らなかった。中近東ではイランはカントリーリスクが最も低い国、つまり暴動や、まして革命などは起こりようがないほど安定した国だと外務省がみなしていたため、当時三井は日本国家の後押しも受けて巨万のカネを出してパーレビのイランとの合弁会社をつくったのですが、その途端にホメイニ革命で全てが吹っ飛んでしまい、大損するとともに世界の笑いものともなった。世界の情報に対して「長い耳」を持たないと、こういうなんともナサケないことが起こりうるということなのです。

予定の時間を大幅に越えているので、これまで述べてきたことと重複するところもあるでしょうが、最後に今こそ文科系の学問がこれからの日本の大学、特に私立大学の研究・教育の中心となるべきだと主張する私が構想している文科系学問の再生案骨子をまとめておけば次の通りです。

㈠　学問研究の基本姿勢を、これまでの「西洋文明の輸入と移植」から「日本的特質の再認識、再評価」に移し、この見地から新しい研究・教育を開始し、その結果を国外にも輸出する。

(二) 二百六十年も平和が続き、いわゆる鎖国も長かった江戸時代とはどのような時代であったか、その実相を様々な領域の専門家が相互に連絡をとりながら研究する。典型的な省エネ型循環社会であったこの時代の仕組みを詳しく知ることは、これからの人類社会のあるべき姿の、世界のどこにもない素晴らしい参考モデルとなるからだ。

(三) 日本人の持つ独特な宇宙観、宗教観を肯定的に再評価するためにも、人類社会を含めた地球環境の安定的な存続にとって、一神教と多神教(アニミズム)とではどちらが有益であるかをこれまでの世界レベルでの結果から客観的に比較・検証する。

(四) 私たちの母語である日本語と大学で学ばれる外国語は、武器を捨てて不戦を誓った日本人が、国を守るための唯一の武器なのだという認識のもとに対外言語戦略を可及的速やかに構築する。素手で平和を唱える念力主義だけでは国際的な荒波を乗り越えることはできない。武器に代わるものとしてのことばの重要性を深く理解し、社会に出てそのことを強力に主張する人材を育てる使命が文学部にはある。

——だいたいこんなところですが、いずれにせよ日本の生きる道は壮大な言語戦略をうち立てて、日本語を世界に広めることはもとより、日本の文化や多神教的な宗教観、自然観等を伝えて、世界平和と人類・地球の存続に真実貢献できる人材を多数輩出できるかどうかにかかっているといっても過言ではありません。大学文学部の改革をこのような方向で進めていくならば、グローバル化時代における日本の大学の中心は文学部だと胸を張って堂々と言っても決して奇異ではなくなるでしょう。これから文学部で学ぶ学生も、自分は今後の世界と日本をどうするか、そして美しい地球そのものをどう守っていくか、その運命のカギを握る学問に励むのだと確信できれば血湧き肉躍るというものでしょう。

今日は慶應義塾大学文学部創立百二十五周年記念の講演ということで、これからの文学部のあり方についで日ごろ考えていることをやや大風呂敷を広げてお話しましたが、皆さんにとって少しでも刺激や参考になれば幸甚です。

四　今、日本に最も欠けているものは国家的対外言語戦略だ
――日本語（日本文化）を一気に世界へ広げる運動を

㈠

世界の数少ない超大国の一つとなって久しい日本にとっての致命的な欠陥は、国家としての言語戦略をいまだに全く持っていないことです。なぜかと言うと、超大国というものはいつの時代でも、その強大な存在故に、近隣諸国は言うまでもなく世界のあらゆる国に、様々な影響を及ぼすことは避けられないからです。そこで世界各所に当然起こってくる反発や非難を抑え、巻き起こる波風を鎮めながら自国の利益を守るために、これまではどの超大国も強大な武力を持つことが絶対に必要でした。ところが日本は、現在攻撃的な武力を用いて国を守ることが憲法上できないという世界で唯一の例外的な、しかも一、二を争う豊かな超大国なのです。

前にも述べましたが、トルコの古い諺に「牙のないウサギは長い耳を持つ」というのがあります。これは微かな怪しい音でも耳ざとく聞きつけ、迫る危険をいち早く察知して逃げを打つというウサギのもつ保身に長けた習性をうまく言ったものです。攻撃的な武力を使うことのできない超大国日本こそは、まさにこのウサギのような性能の良い長くて大きな耳を持つことが絶対に必要なのです。

その耳とは、世界で起きる日本に不利な動きや情報をいち早く察知・蒐集して素早く分析し、問題が表面化してどうにもならなくなる前に、先手を打ってその動きを封じる対応能力のことです。つまり火の手が上がらないうちに、うまく手を回して大事にしないことが、武力を使えない日本には絶対に必要なのです。日本は情報戦で遅れをとるようなことがあってはならない国なのです。

ところが今の日本は武器が使えない上に、国際情報の蒐集・分析、そして日本に不利をもたらす恐れのある動きに対し早期に素早く対応する力において、他国を凌駕するどころか、むしろ国際的に最低の水準にあると言わねばなりません。

このことは、韓国、中国の日本に向ける殆ど根拠のない非難や言いがかりに対する日本の対抗措置が後手後手に回って、このところ韓国、中国の言い分が国際世論を動かすまでに日々強大さを増している現状がよく示しています。

（二）

私は今から三十年も前から、攻撃的な武器を持たず戦争を国際紛争の解決手段にしないことを決意した日本人は、広義のことばを「捨てた武器に代わるもの」として駆使して国を守るという、日本文化の伝統にこれまで欠けている考え方を、一刻も早く国民が身に付ける必要のあることを様々な形で主張してきました。

その具体的な項目の一つとして、国連の公用語に日本語を加える運動を起こすべきだと提案し続けてきましたが、残念なことにいまだにどこからも賛同者が現れないのが実情です。また日本にとって英語は最も必要な外国語だからこそ、国民のすべてを対象とする義務教育での必修とすることは「百害あって一利なし」という主張を至るところで展開してきました。このような英語に関する考えは、私ばかりでなくかなり多くの専門家に見られるものですが、様々な理由で残念ながら、肝心の義務教育を担当する文科省の間違った考えをあらためさせることには成功していません。

(三)

そこでいったいどうして日本人は、いまだにことば（これには情報の蒐集と分析、言語による日本の立場の外国向けの積極的な主張と宣伝、強力で広汎な対外宣伝放送や文書の作成・配布等が含まれる）を武器に代わるものとして使うことの重要性を認識できないのだろうかを考えてみることにします。

実は、これには日本という国の歴史と日本の地政学的な位置が大きく関係しています。日本は有史以来、優れた外国文明の恩恵には何度もあずかってきたのに、異文化・異文明を持つ外国によっての長期にわたる過酷な支配・占領の憂き目を一度もみたことがない、世界でも例のない恵まれた国だということが大きいのです。

どの国でも外国（異民族）の影響を受ける場合は、常に国土が蹂躙され、人々はたとえ虐殺・奴隷化を免れた場合でも、土地・財産を奪われ、追放されるなどの過酷な目に何度も遭っています。例えば隣の韓国は、有史以来何と五百回以上も外敵の侵入を受けています。日本以外の国では外国語の話せる人が多いのも、なにも好き好んで外国のことばを学習するわけではなく、文字通り外国語を外国人から無理矢理に押し込まれるのです。このように、支配者の文化を強制的に受容させられるのが常なのです。

ところが日本が経験した外国語・外国文化の受容形態は、古代における中国文明の受容の時も、近代に起こった西欧文明の全面的な受容の際も、いつでも日本人が少数、それも社会的エリートが外国に出向いて、日本の必要とするもの、こちらが欲しい物だけを選んで学び、輸入するという方式で、国民全体が相手国の強制、暴力などに直接曝されることなく、外国文化の優れた面だけをありがたく受け取ることが許された間接的な異文化受容でした。つまり外国語は「高級な」外国文化を学び、輸入する手段だったのです。

アメリカとの戦争（大東亜戦争）のときも沖縄を例外として国内での地上戦がなく、日本の統治機構（政府）もドイツの場合と違って崩壊することなく敗戦を迎えたために、大部分の日本国民は殆どの場面で直接占領軍と接触・対峙することがありませんでした。

しかも占領の期間が、朝鮮戦争の勃発という思わぬ国際情勢の急激な変化のおかげもあって、わずか七年と短く、そのため国民大衆の被占領体験は概して過酷さを欠く穏やかなものですみ、なかでも日本語の使用が禁止されなかったことは大きいのです。そのため、日本国民は沖縄を除いて、戦争に敗れて外国に国土を占領されるということが、いかに腹立たしく苦しく不快なものであるかを腹の底から実感することが殆どなかったのです。

㈣

このように日本人は建国以来異文化を持つ外国人との日常レベルでの接触経験が殆どなかったため、外国語の必要は、もっぱらごく少数の社会の上層部に属する知識階級のみが、それも外国語の文献を解読して進んだ知識や高度な技術を輸入することに限られてきたという伝統が、国際化時代を迎えた現在でもはっきりと残っているのです。一般国民の間にいまだに見られる外国人に対するなんとなしの気おくれやためらい、外国語がうまくなったらいいなという外国語に対する憧れなどは、一朝一夕に学校での外国語教育の強化などで克服できるものではありません。日本では一般人にとって外国語が日常生活になくてはならないものということは一度もなかったのですから。

このような理由で私は、国際化時代の到来に対応するために国民のすべてが外国語（と言っても殆ど英語のことなのだが）に習熟すべきだという考えのもとに、義務教育である中学校での英語を必修にしたり、最近では小学校段階にまで引き下ろすといった政策にはこれまで一貫して反対の立場をとってきたのです。

現在、日本では世界レベルの人材がサッカーや野球、そしてスケートのようなスポーツ界ではどんどん育っています。ピアノやヴァイオリンといった音楽やバレエ、そして漫画やアニメの世界などでも国際的な名声や人気を博している日本人が少なくありません。

この事実はたいしたことですが、ここで言うまでもないほど明快なのは、これら世界の檜舞台で活躍している人々の誰一人として、平等を原則とし生徒一人ひとりの個性や資質、能力、そして意欲の違いに応じた個別的な指導を行うことのできない義務教育を受けただけで、それぞれの人が活躍している高い水準に到達した人は皆無だということです。人により事情は様々でしょうが、どの人の場合でも、当の本人に是が非でも上手くなりたいという強い意欲があり、しかも特別の素質がある上に大変な努力を学校の外でも重ねていることは言うまでもありません。その上、家族や先生をはじめとする多くの人の強力な支援や援助も受けています。しかも大変なしごきと肉体的苦痛に耐え、その上次々と襲ってくる精神的な悩みや苦難を自分で乗り越える強靭さがあって初めて高みに達しているのです。

今の日本で英語をはじめとする外国語を他の追随を許さぬ自分の特技としようとする人、日本という国を世界の荒波から守ることができるような第一級の外国語使いを育てるためには、国際化時代だからといって本人に特別な素質も強い意欲もない多くの若者に、国民の知的平準化を目指す義務教育の中で英語学習を全員に強制することは徒労であり、無駄もいいところなのです。それどころか、学校という若者たちの人生にとって大切な場を、何年にもわたって魅力のない嫌な場所に変えてしまっている場合が多いことを見逃してはなりません。

英語に限らず、日本国内で暮らす限りは殆ど必要のない外国語を、真の意味でものにするための教育は、強い意欲と素質がある者を選び出し、過酷なしごきに耐える者だけを順次選抜して残していくという方式をとるべきなのです。私はこのような国家の防衛にとって必要な優れた人材を養成する目的で、国内各地にいくつかの特別な国立学校をつくるなど相当な国力を投入して初めて、日本は「ことばを武器に代わる国家防衛の手段」とする国と言えるようになると考えています。

㈤

今述べた外国語というものを国を守る武器として思う存分に使える人材を育成する必要性と並んで、すでに少しふれた国連の公用語に日本語を認めさせることを含む日本語の国際化推進も、戦争をしないことを決意した超大国日本が真剣に取り組むべき課題であります。これまで世界の大国は皆、大国になる過程で、自国の言語を従属国や植民地に広げる努力をするだけでなく、様々な手を使って広い世界に自国語を理解し、使える人を少しでも増やそうと努めてきました。その最たるものが元々は小さなイギリスの島の、それもごく一部の地域の言語でしかなかった英語が、大英帝国の発展とともに数百年の間に全世界に広まって、今では事実上の国際語と目されるほどの大言語になったことです。同じようなことはフランス語、スペイン語、ポルトガル語、ロシア語といったいくつかのヨーロッパ語の場合にも起こっていますし、中近東地域ではアラビア語、そして東アジアの中国語にも見られる現象です。

㈥

ところが、日本は大国となる時間がわずか百年足らずであったこともあって、現在世界で日本語が日常社会的に通用する国や地域は日本だけというありさまです。また海外で日本からの日本語のラジオやテレビ放送によって、日本についての情報を日常的に手に入れている外国人の数は、近年増えつつあるとはいえ、ごく少数の報道関係者か日本が専門分野の研究者以外、まことに微々たるものでしかありません。にもかかわらず、このようなことが、現在世界的な影響力を持つ超大国の一つとなっている日本にとって、どれほど不利なことかを指摘し、一刻も早く改善すべきだという主張をなす人を残念ながら少なくとも私は知りません。

例えば、国と国の間の外交交渉や経済の交流は、双方ができるだけ平等な条件や立場で行われるのが望ましいことは常識でしょう。ところが、世界に日本語が英語やフランス語のように広まっていないため、このような交渉の立場に立つ日本人は、努力して外国語を学んだ、特別な技能を身に付けた少数の人に限られてしまうという不利な立場なのに、アメリカの外交官や経営者は特別の外国語の運用力を必要としないのです。というのも、相手がどこの国の人だろうとたいてい英語を使ってくれるからです。このような外国語能力の非対称性は、ヨーロッパ諸国などではすでに問題となっているのに、この非対称性の最大の被害者と言える日本人が、世界で日本語が通じないことに対して、不満に思い、その是正に取り組むどころか、だから英語を日本の第二国語とすべきだなどというバカなことを大真面目に提案する政治家が出たりするのは全くもって珍奇なことです。

このところ長年の官民の努力が実って日本各地に富士山をはじめとする様々な世界遺産が増えてきました。このようなこともあって、日本を訪れる海外の観光客の数は近年増大の一途をたどっています。これら外国からの訪問客が、経済的な点で日本に寄与するだけでなく、その中から日本の国土の持つ類い稀な美しさ、日本人の持つ様々な美点や、すでにかなり広く知られている日本食、美術工芸品、そして神社仏閣や古民家の独特の美などを、新たに世界に広く深く知らせてくれる日本理解者、日本の良き友人に育ってくれることが望まれるし、おおいに期待したいところです。

このように今、世界には日本を知りたい、日本文化を自分たちの暮らしに取り入れたいという気運が間違いなく高まっています。この流れを逃さず、今こそ世界に日本語が分かり、使える人をあらゆる方策を工夫して一気に増やす運動を、国民の知恵を結集し、巨額の国費をためらわず投入して始めるべきときなのだと私は考えています。

五　日本語と日本文化が世界を平和にする
――日本語の持つ「タタミゼ効果」

成長の限界

これまで約五百年間、西欧文明主導のもとに発展してきた人類社会は、最近になって急速にこの文明の内蔵する様々な問題が表面化し始めました。資源枯渇、環境悪化、人種や宗教対立の激化、経済格差の広がり、そして恐るべき人口爆発のいずれも、これまで人類が有史以来たゆまずに進歩・発展してきて、それがいよいよ限界に近づいてきたために起こったものです。

イエス・キリストのころの世界人口は二億人ぐらいと推定されています。このくらいの数の人間であればどんなに酒池肉林を繰り広げようが、地球環境に大きな影響は与えません。ところが十八世紀後半の産業革命で石炭が使われ始めると、人間活動によって地球環境に少しずつ困った変化が現れ出したのです。

それでも石炭のころは、物資の生産や消費も、人や物の移動もまだまだゆっくりとしたものでした。第一次世界大戦までは、世界の人口も二十億人弱。それが石炭から石油へとエネルギー源が替わり、特に第二次世界大戦後はより多くのエネルギーが使われるようになると、経済も急成長し、人口も急激に増加して、今や世界の人口は七十五億人を超えるようになりました。これだけの人間が様々な弊害を伴う各種のエネルギーを大量に使って、豊かな暮らしを求め、飽食へと走ると、もう地球の許容限度を超えています。

地球はたしかに広大ではあるが、決して無限の資源を抱えているわけではない、このことに最初にはっきりと気づいたのがソ連の宇宙飛行士、ユーリ・ガガーリンでした。人類史上、初めての有人宇宙飛行に成功したガガーリンは、宇宙から地球を見て、地球は宇宙に浮かぶ有限の一つの星にすぎず、他のどこからも資源を持ってくることができないことを客観的に認識しました。それが一九六〇年代で、この時以来人類は、地球のあらゆる面での有限性をはっきりと理解するようになりました。

世界各国の有識者が集まったローマクラブが「成長の限界」を唱えたのが一九七二年です。「このまま人口増加と環境破壊が進めば、百年以内に地球上の成長は限界に達する」という報告を出しました。しかし、当時は枯渇すると心配されていた石油が、やがて次々と新しい油田が発見されるようになると、人類は再びさらなる経済発展を、という止めどもない発展を目指す従来の生き方に戻ってしまったのです。

しかし、先に述べたように様々な問題が表面化してきた現在、人類はこれまでの長い歴史のなかで初めて、より多くを求めての「登山」ではなく、地球環境の持続的安定を考えて、今度は反対にどこまで降りればいいのかが課題になる「下山」の時代へと突入しました。登りよりも下りが難しいのは登山の常識です。

人間以外の全ての生物は、自らの手で自分の種を滅ぼすような愚かなことはしません。しかし、人間だけが際限のない進歩・発展を続けてきた結果、今や地球は限界に達しようとしており、このままだと近い将来、人間社会は崩壊を免れず、人類そのものが終焉を迎える可能性すらあります。

日本こそが世界を救う

では、どうしたらいいのでしょうか。ここまで人類を追い込んだ人間至上主義の西洋文明にこれ以上主導権を握らせておくわけにはいきません。なかでもアメリカ文明は、大量の無駄と大量の消費によって発展してきました。下山の時代を迎えたにもかかわらず、アメリカ文明がグローバリズムの名の下、今でも世界を席巻していますが、これほど危険なことはありません。

考えてみると、全生物界で人間ほど地球のあらゆるところに分布して栄えた生物はありません。他の生物は行く先々の環境に合わせて身体の仕組みやくちばしの形を変えたりして、棲息する場所に適応した結果、元の種が分化して多様性が生まれます。しかし、何百万種と存在する生物の中で、ただ人間だけが熱帯から寒帯まで殆ど分化せずに種としての同一性を保ちながら広がっているのです。

どうして人間は、環境が違っても、種としての同一性を殆ど失わずにこれだけ繁栄できたのでしょうか。それは人間の持つ「文化」の多様性が、環境の変化から来る衝撃を吸収する緩衝装置になってきたというのが私の考えです。言い換えれば、人類が種として同一性を維持したまま地球規模に広がっていくためには、行く先々の環境に合わせて衣食住や社会構造を変えるなど、つまり「文化」の変化による適応が必要だったのです。そして、それぞれの特有な文化を支えているのが、それぞれの「言語」なのです。

欧米の学者は後で述べる理由で、こういうことを今まで考えたことがありません。だから、人類みんなが共通の言語で話せるようになり、人類の文化を一つにまとめれば平和な世界が訪れるというようなことを考える。しかし、私から言えば、グローバリゼーションは大量のエネルギーを無駄に投入して文化の多様性を失わせることであり、結果としては、人類の繁栄どころか終焉を目指していることになります。

そこで、もはや西洋文明に任せることはできない、グローバリズムはもってのほか、そうした時代に指導的な役割を果たしていかなければならないのが、西洋文明にはない古代的な世界観をいまだに保持している日本の文明、日本の文化だと私は考えています。

しかし、下山の時代に入ったからと言って、これまでの生活を急に全否定して、無駄なエネルギーを一切使わないようにしたら大混乱が起きるでしょう。だから、とりあえずは全ての節約・倹約から始めなくてはいけない。原子力発電はゼロにしたい、でも暗い夜の生活は嫌だから電力は今まで通りに使いたいというのでは虫がよすぎます。せめて夜には贅沢なライトアップやイルミネーションをなくす、必要ないものを製造するようなことはやめて、電力消費を極力切り詰めるような手立てを考えないといけません。人類が有限な環境と共存して生きていくために、新しい知恵を集めないといけない時代になっているのです。

この環境との共存という知恵をまだ失わずにいる文明は、地球上で唯一日本だけだと言えるのです。日本は、どの古代社会もかつては持っていた多神教、アニミズム的な、人間だけを特別優れた存在とは考えない、万物の輪廻転生や草木国土悉皆成仏といった世界観を完全に捨てきってはいません。一神教の文化のように、自分の考えを認めない他者を執拗に折伏・攻撃して支配するのでなく、可能な限り妥協・融和して共存に努めようとする「和を以って貴しとなす」文化です。

現在の日本文明とは、超近代でありながら古代の精神をも保持している二枚腰文明なのです。古代の精神だけでも駄目で、遥か古代より大文明国家だった中国や中近東は近代になって武力に勝る西欧にやられてしまいました。

日本は近代になって、開国を西欧諸国に迫られたときに、無駄な抵抗をせずに進んで西洋化の道を選び、西洋の国としても通用する顔を持つことになりました。しかし、ここが大事なところですが、西欧と対峙できる力を持ちながらも一方で、古代文明的な独自な文化的世界観も失いませんでした。人間中心、人間至上主義的にしか世界を見られない西欧人とは違った世界観をも持っている日本、その二枚腰文明が今こそ強みを発揮できるのです。

欧米にはない、日本の一般民衆の文化度の高さを一つだけ例で示せば、俳句や川柳といった芸術活動を、老人ホームから刑務所の中の囚人までを含む庶民が行っていることです。俳句は人間の持っている「俺は他人よりも上だ」という優越感を満足させてもくれるようです。だから俳句の同人同士はたいてい仲が悪いとのことですが、皆が「あいつのは俳句じゃない」と互いに言いながら楽しんでいる。俳句のためには広い土地もいらなければ、これといった道具もいらないのでお金もかからない。頭と紙と鉛筆があればいいので環境にも優しい。身分も関係ありません。今の世界で庶民が主体的な創作活動をこのように行っている国は日本だけです。

そして何より俳句をやれば、西欧文明では考えられないような発想ができるようにもなります。JAL財団の「世界子どもハイクコンテスト」では、ブルガリアの子どもが「小さな虫がこっちをずっと見ている」というような句を詠んでいました。西洋文明では虫が人間を見るという発想にはなりません。日本型の文化に触れることで、自然界からの視点で人間界を眺めるという発想も生まれるのです。

関東大震災のときに横浜の刑務所が被害を受け、舎房は半壊、猛火が迫る中で、刑務所長は囚人全員の解放を決断します。そして二十四時間以内に戻ってくるように伝えると、本当に全員が戻ってきました。海外の刑務所で同じことをしたら恐らく誰も帰ってこないでしょう。

阪神淡路大震災でも東日本大震災でもヘリコプターで救援物資を送り、空から物資を落としました。被災者たちは暴動も起こさず、物資の配給を整然と列をつくって待っていました。西洋人は、この配信された映像に驚き、感動しました。こうしたことができるのも日本は狭い国土の中で、喧嘩をしないで仲良く生きる知恵を身に付けてきたからです。宇宙船地球号の中に他の多くの生物と乗り合わせている人類が仲良く生きていくためには、この日本の文化を活かしていくしかありません。

日本は欧米とは明らかに違います。ところが「違う＝遅れている、劣っている」というのが、これまでの西洋の学者の考え方で、日本はその影響を強く受けてきました。ですから、いまだに日本は遅れている国だと思っている日本の有識者も少なくありません。

たとえば明治維新は市民革命ではないので、日本はいまだ近代国家になっておらず遅れているといった類のものです。西洋から明治維新が革命とみなされないのは、大勢の人が死ななかったためです。西洋の革命というのは数百万、数千万人単位で人が死ぬ。ところが明治維新では三万人程しか死んでいないので、革命ではないという考え方です。

これは議論がまさに逆で、日本にはヨーロッパのような革命はそもそも社会の構造上必要なかったのです。革命とは、上と下がひっくり返ることで、そこでの上下の階層の間には何のつながりもありません。しかし、日本ではむしろ上の方が下に頭が上がらない。藩の殿様は一揆を起こされたら幕府からお国替えされてしまう。だから西洋のような革命が起こるはずもない。

経営学が専門の藤森三男慶應義塾大学名誉教授は、日本がいち早く近代化に成功した秘密は、取り入れた西欧の技術を日本の伝統的な価値観や人間関係にうまく融合させた、つまり和洋折衷、和魂洋才の妙にあったと分析されています。この日本の資本主義はハイブリッド・キャピタリズムと呼ぶべきだという藤森氏の指摘は、先に述べた文化や言語は行く先々で、環境に合わせて変形してこそ根付くものだという私の考えと一致するものです。

そろそろ日本の歴史家の人たちは西洋の革命や封建制を研究したりするのはもうやめて、これからの人類のために江戸時代をもっと研究した方がいいでしょう。日本は鎖国というおよそ二百二十年間の実験で、閉じた環境で人々が平和に外国と戦争もせず生きる道を追求してきました。その成果を利用しない手はありません。

第一次世界大戦のころに、すでにオスヴァルト・シュペングラーが『西洋の没落』を書いて近代ヨーロッパの没落を予言しました。その予言が現実化してきています。つまり、アメリカを中心とした西洋文明が世界を管理できなくなってきているのです。そこで、日本が「皆さん、お疲れのようですから、私たちが代わりましょう。これまで二千年近くも私たちは他の文明から様々な恩恵を受けてきたのに、まだ充分なお返しができていない。忸怩たるものがあるので、いよいよお返しします」と言い出すべきときなのです。「俺の番が来たぞ」みたいな言い方をすると「また大東亜戦争か」みたいに誤解されるので、そこは上手く日本のヘゲモニーを「感謝」という形で押し出していく必要があります。

今こそ日本は大国として世界の面倒をみていくという自前の世界経綸を持たないといけないのです。ところが、日本はこれまで西洋を追いかけて追い越すことが国家目標だったから、追い越した途端、今度はどこに向かえばいいのかを西洋に尋ねるような始末です。そうではなくて、日本は「世界はこうしなければ滅びる」という日本発のマニフェストを高らかに掲げる必要があるのです。それには何よりもまず、日本人が自分の文明に自信を持ち、それを作り上げ支えている日本語という母語の価値に目覚めなければいけません。

日本語の持つ「タタミゼ効果」

最近、国立大学の文系学部を廃止しようとする動きがありますが、とんでもないことです。文系が中心になって日本の良さを世界に売り込み、行き過ぎた西洋文明の害毒を減らすように努力していかないといけない。日本文明が浸透していくことによって自然破壊も減るし、環境汚染も減ります。人間の活動が地球の危機を誘発しないための一種の緩和剤になるわけです。

それには日本語の国際的普及が絶対に必要です。私は四十年も前から日本語を国際連合の公用語にするべきだと言ってきています。ところが外務省からは「日本語なんて国連の公用語になりっこありませんよ」と一蹴されてしまう。そうこうしているうちに、オイルショックのときに「オイルが欲しいならばアラビア語を公用語にしろ」というイスラーム諸国の圧力で、アラビア語があっという間に国連の公用語になりました。

だったら、後の祭りですが、日本は湾岸戦争のときに百三十億ドルも拠出金を出しているので、あのときにバーターで公用語に入れる交渉をすればよかったのです。しかも日本語を公用語にするために増える費用を今後十年間は日本が持ちますと言えば、他国には特にデメリットがないのだから公用語になれたかもしれません。

公用語になったところで国連内で日本語は殆ど使われないでしょう。しかし、日本語の国際普及には非常に役立ちます。同時通訳官や翻訳官など日本語の必要な職業が増えるからです。そうなると世界の大学で日本語教育が盛んになっていく。私がオーストラリアの大学で教えていたときに、中学や高校までは日本語を勉強していても大学で勉強する学生が少ないので、その理由を聞いたら、職業につながらないからというのです。

ところが今では時代が変わって、世界で日本語を勉強している人たちは、日本的感性の溢れている漫画やアニメなどが面白いから勉強しているというケースが急激に増えてきています。この機会を利用して、日本語を世界へ広く普及させない手はありません。

日本語の普及は世界を変える力があります。外国の人が日本語を習い、欧米とは異なる日本文化に深く接すると、外国人学習者の対人関係の質が変わり、その人の強い、攻撃的な口調や態度がなくなり、日本人っぽくなる現象が見られます。これを私は「日本語のタタミゼ効果」と名付けました。タタミゼとは、フランス語の tatamiser が元のことばで、日本語の「たたみ」を動詞化したものです。元の意味としては「日本かぶれする」「日本贔屓になる」といったものです。日本に派遣されたビジネスマンが何年かしてフランスに戻ると、周りの人から「あなたはタタミゼした」などと言われるそうで、日本文化の影響で「日本ボケした」という意味で使われていました。私はこの「タタミゼ効果」を今では肯定的な意味で非常に高く評価するようになりました。

タタミゼ効果の一例を紹介しておくと、日本に長く住み、日本語を学んだフランス人がフランスに帰ると、たえず「すみません」「お先にどうぞ」などと言うようになって、気づくと自分が我の強い、自己主張を何よりも優先する普通のフランス人ではなくなっていたといいます。

アメリカの人類学者ハーバート・パッシンはその著書『米陸軍日本語学校―日本との出会い』（TBSブリタニカ）で、「日本語を話すたびに自分はこんなにも礼儀正しい人間になれるものかと自分で驚いてしまう。こういうことは、英語を話すときは一度も感じたことはない」と書いています。

その他の具体的な例は、私の著書『日本の感性が世界を変える』（新潮選書）で紹介していますので、興味のある方はご覧ください。

隣人のピアノがうるさければ、すぐに訴えるのが西洋人です。その方が問題を客観的に処理することができる合理的な方法だと彼らは考えます。だから、友人の家を訪ねたときに玄関で足を滑らせて骨を折っても友人を訴えます。たしかにその方が補償問題が生じてもお互いに私情を挟まずに決着できます。

しかし日本人は、隣人とのトラブルが起きたときには暴力でも裁判でもなく、おおむね第三の道を選びます。隣人のピアノがうるさいと、顔を合わせたときに「お嬢さん、毎日毎日ピアノを弾いていて腕があがりましたね。おかげでコンサートに行かずにすみますよ」と皮肉まじりの誉めことばを言ったりします。言われた隣人も空気を読んで「このジジイがうるさがっているので、少し控えよう」と受け止めて一件落着となるケースが多いのではないでしょうか。

そして外国人も日本語を話すようになると、こうした呼吸が身に付いてくるようです。日本語が普及していくことで、このような共存共栄の生き方がより世界に受け入れられやすくなっていくに違いありません。そうすれば、今よりは遥かに争いの少ない世界になることでしょう。

今思うと明治以来、政治家も官僚も学者も英語ができる人が出世しました。英語のできる人＝エリートという図式でした。そのせいもあって「せめてうちの子も英語くらいできるように」という思いが今でも世の母親たちの中にはあります。しかしながら、もはやそのような時代ではありません。むしろ外国人に日本語でモノを教えてあげないといけない時代が来ています。欧米から優れた技術を一方的に学び、併せて人間としての「正しい」生き方をも学ぶという時代はとっくの昔に終わっているのです。

英語は一部の人間が話せればいい

小渕恵三首相のころ、「英語第二公用語論」が持ち上がりました。日本の国会が英語で論議して英語で記録がとれるぐらいの英語力がほしいとされたのでした。英語で講義を行うスーパーグローバル大学には補助金を加増するというので、そのような大学の講座も増えました。

英語で授業を行えばより国際的な研究がなされるとでも思ったのでしょうが、それは全くの逆です。日本では幼稚園から大学院まで日本語で全て授業をしているからこそ、これほどノーベル賞が出るようになったのです。創造的な発想をするための無意識の言語は母語でなければならないのです。日本人の母語が英語になって何百年か経てば、英語で教育されてもノーベル賞がとれるようになるかもしれませんが、現状では弊害のみでしょう。

日本人全員が英語を上手くなる必要は全くないのです。英語が真に必要なのは、海外との交渉に当たるような人たちです。

日本は明治初期に西洋の学問を基本的に全て導入しましたが、一つだけ入れないものがありました。それは、ことばで相手を言いくるめて議論に勝つという弁論術、詭弁術です。弁論術は西洋ではギリシャ以来の伝統です。なぜならば、宗教を広めるのも政治も裁判も全ては口頭で行うからです。キケロの著作には真実だけ言っていては駄目で、嘘だとばれないような嘘をうまく言わなければいけないとあります。

日本は、古代の中国から始まって近代になってからはイギリスやアメリカなど多くの国と付き合ってきました。これだけ諸外国と付き合っておきながら国際関係において、どうやれば外国人をこちらの思うようにうまく操れるかという、ことばによる外国人操作術は勉強してきておらず、その力が不足しています。

日本人は「二枚舌は使わない」「武士に二言はない」というのを理想としていて、黙っていても、いつかは真実が伝わると思っているから、従軍慰安婦問題でも中国や韓国にやられてしまうわけです。でも「嘘はつかない」というのは日本人の良さです。もしも日本人の多くが自分の利益のためならば平気で嘘をつくような国民になったら、つまらない三流のアメリカ人になるだけでしょう。

だから私は、全ての日本人が詭弁術や弁論術を学ぶ必要はないし、外国語を学ぶ必要もないと思っています。かといって海外との交渉には外国語も交渉術も必要ですから、それは私のような一部の「空気が読めない変な日本人」だけを集めて、英語や弁論術を徹底して学ばせればいいのです。

今は世界のウェスターニゼーションがジャパナイゼーションに替わる世界文明の劇的転換期です。政府の文系廃止論とはうらはらに、日本語、日本文明を深く研究して、それを世界に普及させる文系こそが日本の大学の血湧き肉躍る中心となるべき時代になってきています。私自身も「日本の文化、日本語を教えることが自分の喜びであり、それが人類の救いでもあると心から信じるような日本人」を一人でも作ろう、死ぬまでにこのような日本語教の信者を少しでも多く増やそうと毎日努力しています。

六　今、日本語を世界に広めることにどんな意味があるのか
——日本語には世界を平和にする不思議な力がある

私は、この数年来、欧米の言語を含むユーラシアの諸言語などとは非常に違う点の多い日本語・日本文化には、主として日本という国がこれまで置かれてきた、極めて特殊で、しかも恵まれた「歴史的かつ地政学的な好環境のおかげ」で、ユーラシアの言語文化の場合に比べて、人々を対立・抗争よりもむしろ妥協的な相互協力に導く、面白い不思議な力が強くあることに気づくようになり、この日本の言語・文化の持つ力を私は「タタミゼ効果」と名付けました。このことは、日本語の国際普及に際してこれまで日本人自身があまり気づかなかった重要な要素であると考え、その理論的根拠を明らかにしながら、同時にこの事実の啓蒙活動を強力に展開し始めています。

そして、これら現在私の行っている活動のどれもが目指す究極の目的は、何よりも世界規模でのこれまで数世紀にわたる、あまりにも過度な人類の経済成長の結果、近時急速に荒廃の度を高め出した無機・有機の地球環境のこれ以上の劣化をなんとかして食い止め、可能な限りそれらを持続安定的(sustainable)な状態に戻すために役立つあらゆる努力を、人々がそれぞれの立場で実行するようになることです。

ところで、このタタミゼということばは、フランス語の tatamiser（タタミ化する）という意味の俗語をもとに私が作った日本語で、タタミとは日本語の畳のことです。

日本の強みは古代性を完全には捨てずに近代化に成功したこと

これまで五世紀あまりもの長い間、世界のあらゆる面において主導的な役割を演じてきた人間至上主義的で、しかも折伏・闘争的な「一神教的世界観」を基底に持つ西欧文明よりも、日本という非西欧の、それも超大文明国の一員がいまだに保持している「あらゆる存在は互いに可視不可視の様々な糸で結ばれ、相互に循環・交流している」、つまり万物は互いに何らかの形で依存し、共存共栄の関係にあるとする「アニミズム的な世界観」に裏打ちされた、一神教出現以前の、古代ではむしろ普遍だった人間の生き方や自然との接し方の方が、はるかに自然環境や多様な生物種の保全に有効であることを示した日本の持つ実績を世界に広く知らせることです。

本日の講演の中心的なテーマは、このような目的を達成するために、残念ながらいまだ外国であまり学ばれていない日本語を急いで国際化することに、官民挙げて本腰で努めるべきだということです。

具体的に述べれば、それは私の言う「タタミゼ効果」をはじめとする日本語・日本文化が裏付けとして持っている、まだ日本人が辛うじて捨てずにいる伝統的な考え方や生き方の急速な世界的普及をはかることです。そしてこれは同時に、日本というまだ世界の多くの国の人々にとって、あまり実情の知られていない国、しかも世界に例を見ない不戦を誓った大国の、国外に向けてのいまだに十分とは言えない必要な自己開示にも役立つのです。

十九世紀後半、もう少しのところで全世界が西欧文明一色となる直前に、奇跡的にも当時アジアの小国であった日本が、自己の帰属する文明をそれまでの遅れた中華文明から強くて新しい西欧文明に、上手く乗り換えることに成功し、やがて日本は世界に例を見ない、国内に新旧二文明が併存する二重文明、二枚腰文明という変わった国柄でありながら、それでもなお数少ない経済技術超大国の一員となることに成功しました。

この成功の原因の一つは、たしかに日本は抗い難い外圧に押されたために、鎖国をやめて開国に踏み切ったわけですが、その後の日本の近代化の作業は、植民地にならずにすんだおかげで西欧列強国からの政治的暴力的な直接の干渉・介入をあまり受けることなく、殆ど自主的主体性を保持しながら行うことができたために、和魂洋才といった具合の裏表のある和洋折衷型の独特な性格を持った近代国家となることができたのです。

この新しい日本の十九世紀末の台頭以後の近代世界を、今巨視的通時的に眺めると、この新生日本の出現とその後の成長・活躍こそが、やがて二十世紀中葉になって、あくまでも結果論ですが、アフリカ大陸や中近東地域、さらには東南アジア全域などから、西欧諸国がそれまで数世紀にわたって所有していた数多い植民地のすべてが姿を消すという、世界史上特筆に値する一大地滑り現象の起こる直接間接の原因となったことが分かります。

今、古い歴史をふり返ってみると、日本自身は、主として地政学的な好条件のおかげで、はるか古代の白村江の戦いを嚆矢とする数少ない外国との戦い以来、国土が外国軍に占領・蹂躙されるような憂き目を千年以上もの長い間一度も経験しないままに近世になり、今度は二百二十年もの長きにわたる鎖国、ということは、外国との戦争はもちろん、国民が外国人と付き合うどころか、見ることすら殆ど無い時代に入ってしまったのです。

このように日本という国は、外国人によって国土や人民が揉みくちゃにされた苦しい経験を全く持ったことがなく、また明治開国以来日清、日露の二大強国相手の戦争では、幸運にも戦闘が国外で行われたこともあって、先の欧米諸国相手の「大東亜戦争」の大敗北に続く日本国土の連合軍による軍事占領は、わが日本民族にとっては開闢以来の、それこそ文字通り驚天動地の為すすべをも知らぬ初めての深刻な民族体験でした。それがどれほど強いものであったかは、戦後七十年経った今でも、日本が起こしたこの戦争に対するトラウマ的アレルギーが、様々な形で残っていることで分かります。その中心に「否定的自虐的な祖国観」と私が称する、掛け替えのない自分の生国に対する非生産的な後ろめたい意識があるのです。

そこで、日本語を国際普及させるためには、この敗戦を契機として日本人の一部が強く持つようになった世界に例をみない「否定的自虐的な祖国観」の完全な払拭が何よりも不可欠だと考えています。これができなければ日本語を世界に広めることは望めないからです。

日本という国はすでに触れたように、その特殊な地政学的環境のおかげで大昔から、広いユーラシア世界から隔離されていて、しかも豊かで温和な自然に恵まれていたため、もともと多民族をも視野に入れた広大な世界を、自分たちがその主《あるじ》として、どのように治めるべきかといった自己中心的で多分に手前勝手な世界観も、またそれに基づく征服型の世界経綸も持たずに生きてくることができた誠に恵まれた国、世間知らずの国でした。

古代日本の憲法や律令制、そして明治維新に始まる近代日本が取り入れた様々な法律や社会制度などにはどれも皆、海の彼方の先進大国のあり方をモデルにしながら可能な限りそれまでの日本人の暮らし方・考え方を活かすという、他国を基準とする妥協・折衷的なやり方が貫かれています。「大東亜戦争」敗戦後の誠に勝者迎合的で急速・広範な日本大改造も、まさにこのような、進んだ外国を物事すべての基準と考えて自己改造に励むという方式の徹底した総仕上げと言えましょう。

西欧文明が破綻しつつある今こそ日本が恩返しも含めて先頭へ

しかし、現在超大国の一員となってしまった我が日本国は、もはや他国のあり方、特にこれまでの西欧諸国のやり方を、人類として唯一無二の正しく望ましい、日本も早く見習い、取り入れるべきものとして、無批判に真似し従うという、長年の精神的習慣（惰性）を意識的に脱ぎ捨てる努力をすべき立場にあることに目覚めなければならないのです。

その理由は二つあります。一つは今述べたように、日本が押しも押されもせぬ世界の超大国の一員となってしまったからです。歴史的にも、また現在でも超大国というものは全て、自分の国のことだけでなく、世界はどうあるべきかについての自前の世界観、自分なりの国家観を持つものです。いや、それを持たなければ、そもそも超大国にはなれないのです。このことはアメリカはもちろん、中国やロシアの国内および国際的な場面でのあたりかまわぬ最近の行動を見ればよく分かります。

二つ目は、これまで世界のすべてを管理・主導してきた西欧文明の基盤が揺らぎ始めたからです。それはあらゆる意味でのフロンティアが地上から消失してしまったという現実があり、そして有限の宇宙船地球号が今や過度の人間圧で爆発寸前となっているからです。

ところが我が日本は、これまで常に国家の目指す目標がその時その時の、日本の一足先を行く外国である超大国の背中であったために、一九七〇年代に入ってついに先進諸国を追い越したとき(ジャパン・アズ・ナンバーワン)、突如国家の目標が視界から消えて、いったいどこを目指して走って行けばよいかが国家として分からなくなり、迷走を始めたのです。

もともと自前の世界観のもとでの国家目標を持ちながら先進国を追いかけてきたのならば、日本は先進国を追い越した途端に、もう邪魔者なしとその自前の目標に向かってひた走りに走ればよいわけです。しかしそのようなものは一切持たずにひたすら外国の、しかもその恐ろしい正体ではなく美しい虚像を目標として長期にわたって追いかけ続けることの許された日本は、まさに「ひ弱な美しい花」のような頼りない超大国として国際舞台に登場したわけです。

ところが肝心の日本人自身も、これまで近代化の遅れと思い、また欧米人による否定的な「日本特殊論」などによって、早急に是正されるべきものと思い込まされてきた日本人の持つ欧米とは違った特質、あるいは日本人の許しがたい逸脱行為と思われてきた数多くの国際行動が、どれも今となっては西洋文明の持つ地球環境を破壊しかねない人間中心的、かつ西欧中心的な強さに対する極めて有効な解毒剤的な働きを持っていたことが、様々な研究で分かってきた以上、超大国でありながら世界の舞台ではこれまで黒子か、せいぜい脇役としか思われなかった日本に、いよいよ責任の重い主役の座が回ってきたのです。

鶴や白鳥などの大型の鳥が大空を、海越え山越えして渡って行くとき、最も強い風圧を受け続ける群れの先頭者は、疲れてくれば必ず退き、他の元気な鳥が交代して新しく先頭を務める仕組みになっています。同じ動物である人間の場合も、これまで約五百年もの間、人類社会の先頭走者を務めてきた西欧文明が、長年の先頭集団としての金属疲労や構造亀裂などがあちらこちらに目立ち始めた今、「アジアの東、日出るところの日本」が、これまで西欧文明から受けた少なからぬ恩恵に感謝の意を表明しつつ、いよいよ今度は先頭走者の重責を肩に、受け売りでも真似でもない生粋の日本発の、我々日本人が心から正しいと信じる目標に向かって、すべての人類を導いてゆくときが来たというのが私の考えです。

不戦を国是とする日本には言語こそ武器に代わるものとの認識が不可欠

その際、我々日本人が「言語は、捨てた武器に代わるものだ」という認識をはっきりと持つことが何よりも必要です。

先の「大東亜戦争」に大敗した我が国は、今後他国と深刻な利害の衝突などによる紛争がたとえ起きても、その解決のために武力行使は一切行わないという世界にも例を見ない特殊な国のあり方を選びました。

しかし、日本がどんなに声高に戦争はもう決してしない、だから攻撃的な軍備は一切していないと言っても、それだけで国の平和と安全が保障されるわけではないことは、世界の歴史を見れば直ぐ分かります。ですから、我が国は国家としては真に例外的な「武力戦争は一切しないという日本の特殊性」を何とか別の手段で補い、代行させて国を守らなければなりません。多くの日本人の持つ「軍事大国は国のあり方としては良くないが、経済大国であることはどこからも非難される筋のない、安全で平和な国のあり方だ」という考えは、国際的には全く通じません。

というのも、いつの時代のどの国でも、強い軍事力を持つことを望む理由は、自国が外敵に襲われないための防衛のためというよりは、他国を攻撃して穀物、家畜、金銀財宝そして労働力としての奴隷の確保と肥沃な土地を自分たちのものとすることが目的でした。つまり、他より豊かになりたいために戦争をするので、だから今、日本が軍事に大金を使わず経済的繁栄だけを望むことは、必要経費を払わずに利益だけを懐にするずるい国、悪い国だと思われるだけです。

私は専門とする言語社会学、言語政策などの立場から、我々日本人は捨てた武器に代わるものとして「ことば」を武器として使って国を守るという、現在でも全ての大国が武力と合わせて行っている、しかしこれまで日本人には最も馴染みのなかった新しい言語観のもとに、国家としての対外言語政策や情報・謀略戦略を早急に確立し、それに国家予算のせめて一割くらいをさいて臨む覚悟が必要だということを何年も前からいくつもの著作や論文で発表し、また機会あるごとに各方面に働きかけてきました。

国家間の問題を解決する手段としての武力戦争は、たとえて言うならば病気の原因である患部を、外科的手術で一気に切り取ってしまうようなものです。これでたしかに勝者には一時的に病気はよくなりますが、殆どの場合、やがて困った後遺症や好ましくない副作用が現れてくるものです。これに対して、ことばや情報を駆使しての問題解決には大変な時間と巨額の出費が必要です。つまり「ことばの戦略」とは、長年の生活習慣病に対処するようなもので、即効を望めない時間のかかる対策ですが、そうかといって戦争、つまり外科的手術のできない日本には、まだるっこしくてもこの対症療法しか残されていないのです。

先にも述べましたが、トルコの古いことわざに「牙のないウサギは長い耳を持つ」というのがあります。弱いウサギが迫りくる敵の動きをいち早く、長くて感度のいい耳で感知し、素早く危機から逃れるように、戦争のできない日本はどこかで我が国に不利な言論や問題が起こりかけたとき、いち早くそれを嗅ぎつけ、「牛刀をもって鶏をさく」とそしられることを恐れず、全力を挙げて問題を小さな火種のうちに消す努力をしなければならないのです。

問題が大きくなってから、日本政府がやおら腰をあげて釈明したり回答したりしても後の祭りです。いつ終わるとも知れぬ従軍慰安婦問題がその好例です（株式会社文藝春秋がかつて起こした「マルコポーロ事件」の際にイスラエルが直ちに示した強硬な反応が参考になります）。

武力で戦えない日本は、日本に不利な火の手が上がらないように世界中に高性能のあらゆる種類の情報網を張り巡らし、常時その種の動きがないかの監視を怠らないことが絶対に必要で、ことが大きくなってからでは打つ手がないのです。そして言うまでもなく、強大国がどこも皆持っている、国の内外で集めたあらゆる情報の分析と判断を担当するに必要な専門家集団を育成する総理大臣直属の秘密機関が不可欠です。

現在のように重要な国際的情報の殆どをアメリカに依存している状態では、現行憲法を変えようが変えまいかに関係なく、日本は一人前の独立国とはどこからも見なされません。歴代の革新政党がなぜこのような観点から自民党政府の無策を攻撃しないのか、私には全く理解できません。

さて、戦後の日本外交の失敗とされるものの多くは、情報不足のために日本政府の知らぬところでいつの間にか思わぬ問題が顕在化していたか、あるいはそもそも情報というものの重要性の認識が官僚や日本人一般に欠如しているために簡単にできることまでやっていないことに原因があります。

例えば、不戦を国是とする日本が頼りにすべき国連で働く日本人職員の数が、長い間拠出金が最大の日本に割り当てられた大枠を満たすどころか、もっと増やしたらと国連事務局から催促されるほど少ないことを放置していたなどというなんとももったいない状態にあったため、肝心の国連内で日本に不利な正しくない情報に基づく日本非難の動きが表面化したなどの例がこれまでいくつもあります。このことはロシア（かつてのソ連）が、金は殆ど出さないくせに人員の割り当て数を超えてまでも何とかロシア人を一人でも多く国連に送り込む執念を見せたのと、まさに対蹠的と言えましょう。

また言語というものを「捨てた武器に代わるものとして考えるべきだ」という私の立場からすると、

なんとも歯がゆく見当違いなのは、最近の文科省が目論んでいる（と疑われている）主として国立大学を対象とした、たしかに経済的な意味では必ずしも生産性があまり高いとは言えない文科系の縮小計画です。というのも私は以前から、文科系の学問や学科は縮小どころか、今起こっている二つの極めて重要な世界情勢の変化に大国日本が上手く対応するためには、むしろこれからの日本の大学の中核部として、大いに援助・育成していくべき大切なものだと各所で主張しているからです。

しかしその前に、大学の文学部は、文科省などが縮小すべきだと考えているものとは全く別の理由で、私は大改革が必要だと思います。その第一は、現在大学で一般の学生が重点的に学ぶ外国語の種類が、今では全く見当違いになっているということです。現在日本の主要大学で学ばれる外国語は、大部分が英語を最重要な必修言語とし、これに独仏語のいずれか一つを第二外国語として学生の大半が履修するという明治初期に確立した私の言うトロイカ方式を基本的にはいまだに踏襲しているのです。

この制度は、明治初期において日本が近代化という目的に向かって国家のあらゆる面での急速な西洋化を図るためには実に的を射た言語戦略でした。この選択が正しかったことは、わずか百年足らずのうちに日本が押しも押されもせぬ近代的（西欧的）な経済技術超大国の一員となることができたという結果が証明しています。

ところが、これらの言語を学ぶことで日本の社会が近代化したということは、とりもなおさず日本の国内では、今や欧米品や欧米についての知識がかなり行き渡り、もはや全てを欧米に学び、輸入する必要がなくなったことを意味します。最近日本の若者があまり留学したがらないことを、彼らに青年としての覇気が欠けてきた一つのしるしとして嘆く声が聞かれますが、たしかにそれもあるに違いありません。しかし私としては、以前ほど欧米留学の持つ魅力というか、うま味が薄れたことが大きいと思います。明治から戦後の一時期までは欧米に留学すれば出世間違いなしの人生が待っていたのですが、今では特にどうということはありません。電気器具や、衣服や食べ物等でも、是非買って帰って人々を驚かせたいようなものは、もう殆どありません。

このことが意味するものは、明治のころとは違って、今では全ての大学生、それも昔とは比較にならないほど数の増えた大学生が、英語や独仏語を、以前とあまり違わない目的に向かって学ぶことは、学生個人にとっても、国のためにも殆ど役に立たなくなっているということです。だから大学の語学の教室から喜びと熱気が消え、ただ試験のため、卒業単位を満たすためという、後に殆ど何も残らない無意味な時間つぶしとなってしまったのです。

もしこれが何らかの製品を作って販売する会社だったらどうするでしょう。自社の生産物が社会の要求とうまく合致して飛ぶように売れても、やがてマーケットが飽和して売れなくなって製品の在庫が増えるようになると、当然生産調整が始まります。次の段階では全く別の商品の製造販売に切り替えて出直すという、いわゆるスクラップ・アンド・ビルドを行うことになります。

大学の語学教育ではアラビア語、ペルシャ語とロシア語に力を入れるべきだ

日本の大学の明治以来の語学教育は、大雑把に言えば初期の大成功の上に胡坐《あぐら》をかいて、時代と世界

情勢の変化が求める、このスクラップ・アンド・ビルドを行うことなく今に至っているために、はっきり言って現在国のためにあまり役立っていないのです。そこで今もしこの私に、日本の大学の語学教育制度を行う権限を与えられたとすれば、私はどうするとお思いでしょうか。私は何よりもまずロシア語とアラビア語（できればペルシャ語も）を英語と並ぶ現在およびこれからの日本にとって最も重要な外国語として、できるだけ多くの大学で学べる体制を作ります。その次に中国語と韓国語（朝鮮語）がきます。私がどうしてこれらの言語の教育を現在および未来の日本にとって重要と考えるのかは、今日ここにお集まりの方々には詳しい解説など無用と思いますが、念のためごく簡単に要点をお話しましょう。

我が日本は現存する世界の八大文明の中で、唯一イスラーム文明との接触がごく最近まで無きに等しかった文明で、かつて日本が「満州」や「北支」に権益を保有していた時代に、現地のイスラーム（回教）教徒との交流が幾らかあり、したがってイスラーム文化の研究などは「満鉄」の調査部が行っていたくらいでした。ところが第二次世界大戦（大東亜戦争）が終わると、世界のエネルギー資源の重点は、それまでの石炭から石油へと急速に移ったのです。

ところが、石炭はまだしも石油は、「樺太」（今のサハリン）を戦後ロシアに抑えられてしまった日本では全くと言ってよいほど産出しない資源なので、全て外国から買わざるを得なくなりました。当時は中近東のイスラーム地域に世界の主要な産油国が集中していたので、私はいよいよ日本の知識人や実業家たちもこの殆ど未知の、しかし日本にとっては極めて重要となった地域の実情を詳しく知るためには、アラビア語やペルシャ語といった現地の言語を学んで、この地域の文化や歴史を学ぶ必要を感じ始めるだろうと思ったのです。

しかしながら、こうした私の期待は完全に肩透かしを食ってしまいました。と言うのも、この地域はすでに第一次世界大戦終了後、オスマントルコ帝国の崩壊を企《たくら》んだ欧米諸国によって殆ど植民地とされるか、または彼らの管理下に置かれていたため、この地域から日本が石油を買うためにはアラビア語もペルシャ語も殆ど不要で、セブン・シスターズと称せられる欧米諸国の国際石油連盟を相手にほぼ英語だけで用が足りてしまうことが分かったからです。

この欧米資本による石油資源の独占体制を崩したのが一九七三年にエジプトとイスラエル間の戦争開始を機に突如として起こったアラブ諸国を主とする石油輸出国機構（ＯＰＥＣ）による石油価格の一方的な大幅値上げ、つまり第一次石油危機と、さらにこの五年後に再び起こった第二次石油危機であり、このようなことを経験するに及んで、さすが国際感覚の鈍い日本の大学関係者にも漸く日本にとってのアラビア語やペルシャ語の学習・教育の必要性が少しずつ認識されるようになってきたのです。

しかも、その後の中近東地域での様々な戦争やそれに伴うイランやイラク問題の現出や過激な「イスラーム国」の台頭、そして数多くのテロの発生、ヨーロッパ諸国への大量移民の発生等を見ると、日本にとってのこの地域の重要性は高まる一方なので、その意味でもアラビア語やペルシャ語は日本の大学でもっともっと広く深く、それも急いで学ぶべき外国語だと私は思っています。

イスラーム地域の言語に並ぶ重要性を今の日本にとって持っている外国語は、なんと言ってもロシア語です。ロシアという国は幕末明治以来、常に日本にとって危険なという意味で重要な国でした。それは地政学的に日本に最も近い大国、それも虎視眈々と際限のない国土拡張を建国以来国是としてきた、なんとも困った恐ろしい歴史を持つ国だからです。

このロシアという国と日本は明治の終わりに国運を賭けて日露戦争を戦い、日本が辛うじて勝利したという因縁があります。このような過去が後を引いて、ロシア革命の際に日本軍のシベリア出兵があったり、またその後も満州国の国境付近で、ソビエトの機甲部隊と日本の関東軍が激しい戦火を交えたノモンハン事件という局地戦争が起こったりもしています。

しかしなによりもこの前の「大東亜戦争」の末期に、すでに敗色の濃かった日本が、アメリカによる原爆の連続攻撃を受けた結果として、日本に降伏を促したポッダム宣言を受諾して連合国に降伏の意思を示したのとほぼ同時に、ソ連は突如日ソ不可侵条約を一方的に廃棄して満州に武力侵攻を開始し、各地を散々荒らしまわった挙句、民間人を含む約六十万人もの日本人将兵を拉致して、シベリアから中央アジアまでの各地に強制連行して何年も過酷な労働に従事させ、結果六万人もの死者が出たという、まさに冷酷非道な火事場泥棒を地で行く我々日本人にとって忘れることのできない史実があります。

そしてロシアは、いまだに日本と平和条約を結んでいない唯一の交戦国なので、法律上はいまだ日露の両国は戦争状態にあるのです。ですから北方領土の帰属も不定ですし、ソ連の終戦時における前述の不法行為に対する賠償問題なども未解決のままです。

このようなわけですから、今の日本の大学をはじめとする教育の場ではできるだけ多くの学生・生徒がロシア語を学んで、隣国ロシアについて様々なことを学び、その中からこれからロシアとの仕事につく人、たとえば政治家や外交官はもちろん、商社や貿易の仕事に従事する人、木材や天然ガスなどの資源関係の専門家などが続々生まれてくることを私は期待しているのです。

ところが現状はまさに正反対で、今の日本の大学ではロシア語はどちらかと言えば人気のない、ということは履修者の少ない外国語なのです。この大学内での不人気は、日本の社会に以前ほどロシアについての関心がなくなったことの表れでしょう。ロシア語の本や文献を専門に扱っていた書店もなくなりましたし、ロシア語を学ぶ人たちのための『月刊ロシア語』という雑誌もだいぶ前に廃刊になっています。テレビでのロシア語講座も英語などに比べると寂しい限りです。

そして現在大学では、なんとイタリア語が人気のある外国語になっている様子。イタリアという国が日本の今後にどの程度影響してくるかは一概に言えませんが、いずれにせよロシアに比べれば雲泥の差があるのは明白であるにもかかわらず、です。どうも今の日本では、明治初期に日本という弱小国が独立を守り、世界の荒波を乗り切って国を近代化させるためには、西欧語ができるようにならなければ国の将来が危ないぞという国の安全を守るための語学という当時の大学生が皆持っていた意識が殆ど見られません。誠に残念ですが、これが現状です。

ビオスとゾーエイの見地から現代人の生命観を考える

昔、大学で古代ギリシャ語を教えていたとき、ギリシャ語には日本語ではどちらも命《いのち》と訳せる二つの違ったことば、つまりビオスとゾーエイがあることに気づきました。しかしいろいろと辞書を調べてもあまりはっきりした区別が分からず、そのままにしておいたのですが、最近生物学者の本川達雄氏の『生物学的文明論』（新潮新書）という本を読んでいたら、この二つの似た意味のことばの重要な違いを初めて教えられました。

このビオスというギリシャ語は英語などの近代ヨーロッパ語で用いられているバイオロジー biology、つまり「生物学」の初めの部分の bio- に取り入れられており、ゾーエイの方はズオロジー zoology、つまり動物学といった用語などの zoo- に用いられています。

どちらもたしかに一応は「生きている」とか「命」と訳せるのですが、ビオスとは、命は命でも生物の個体（人間であれば個人）としての命、つまり個体が生まれてから死ぬまでの生命を言います。これは人間の場合でせいぜい八、九十年、大きな象でも百年、そして小さなネズミなら二、三年がそれぞれのおおよそのビオス、つまり命の長さです。

ところがゾーエイの方は、ある一つの個体だけではなくその個体を生んだ親、さらにまたその親を生んだ親の親、つまり祖父母、その祖父母を生んだ祖父母の親、つまり曽祖父母といった具合にどんどん命のつながりを以前に遡っていくのです。そして子ども、孫、玄孫《やしゃご》……と先へ先へと未来にもつなげていきます。

つまりゾーエイという概念は、自分がその一員である生物種の自分以前と自分以後の限りのない命をも含む、命の長い長いつながり全体、つまり人間という生物種のいわば命のリレー的連続性を指すことばだと言うのです。そして私たち個人の命、つまりビオスとは、長い長い命の鎖の一つの輪にすぎないと言うのです。

そしてもっと面白いことがあるのです。伊勢神宮が、まだ壊れていなくても二十年毎に新しく建て替えられることはよく知られていますが、この式年遷宮とは生物がビオスをゾーエイという方式、つまり親が自分の分身である子に自分の命を次々と託することを繰り返すことによって永遠の命を実現しようとしているように、木造の建築物が風雨にさらされてやがて朽ちてゆく前、まだしっかりしているうちに同じものを建て替えることによって、次々と初め建てたときのままの建築が、いつまでもそっくり残ってゆくという方式なのです。

このやり方の素晴らしい点は、二十年という時間にあります。今ほど生活条件が恵まれていなかった昔は、人々は二十歳ですでに一人前となり、そのときにすでに四十歳前後となっている父親から親の持っている技術をもうすっかり受け継いでいる年ごろなのです。だからそこで親が死んでも技術はすっかり子に受け継がれているから、前と全く同じ建物が建てられるのです。これが代々繰り返されることで、古い大昔の技術や形がそのままいつまでも持ち越されることを可能にするわけです。

奈良の法隆寺は、昔の古い建物が修理を繰り返しながら何とか現存しているために世界最古の木造建築として外国人専門家の間では評価が高く、これに対して伊勢神宮の方は、近年に建て替えた新しいものだという理由で、あまり感激しない人が多いと聞いたことがありますが、実はすでに述べたような他に例を見ない面白い考えが、神宮の式年遷宮の背後にあることを建物の縁起の説明に取り入れて広く知らせて欲しいものです。このことは、ただ神宮の建築の謂《いわ》れを明らかにするに留まらず、太古から伝わる日本の文化や世界観の、その根底にある輪廻転生的なアニミズムの精神が今でもちゃんと立派に存在していることの証にもなるからです。

ところが、このような地球環境の維持・保全に役立つ素晴らしい世界観、宇宙観を残している日本にも、御多分に漏れず有限の個人に重きを置く一方の西洋的な考え方が明治以後徐々に浸透し始めました。それが戦後になると強力なアメリカ文化の様々な影響で、人々の関心から急速・広範にこれまで人間社会の安定的保持に役立ってきたゾーエイ的な世界観が失われ始めたのです。

殆どアメリカ人の手で書かれたとしか思えない滅茶苦茶な日本語で書かれている新憲法をはじめとして、伝統的な家族制度の崩壊を狙った民法や戸籍法の改正、また幸いなことに不発に終わった長い歴史を持ち、すでに日本人の骨肉と化した漢字を廃止してローマ字を日本語の表記とするといった動きなど、全てこれら戦後の一連の社会改革は、考えてみると皆それまでの長い伝統を持つ日本の社会制度や文化的慣習を破壊して個人の権利保護と強化というビオスという視点、それも西欧的な人間至上主義に基づく個人の尊厳の角度からのみ人間を考える改悪だったと言えます。だから私は、手遅れにならないうちに日本に残るゾーエイ的なものに対する感覚の大切さを我々日本人が先に立って啓蒙することを始めなければと主張したいのです。

【要約】

日本語を今、世界に広めることで、私はどのような効果を期待しているのか。

㈠　日本語が持つ人々の対立・抗争の性質を弱めるタタミゼ力の、暴力に頼らない「獅子身中の虫」的な効果が世界に広まることによって、苛酷な長期にわたる歴史的環境の結果、ユーラシア大陸の人々が持つことになった対立、折伏、闘争といった力の強弱、考え方の正邪・黒白を明確にしたがる気質が和らぎ、その結果として世界が今より目に見えて穏やかで平和になる。

㈡　先進国中、唯一日本の言語・文化にだけいまだかなり残っている古代性（前近代性）、つまりアニミズム的な世界観の良さを広く先進国の人々が感知し理解するようになり、その結果として人類のあまりにも身勝手な人間以外の自然的存在に対する思いやりのなさ、横暴に歯止めがかかる。

㈢　具体的には動植物資源やエネルギー資源の大量使用に対して、倹約、もったいない、有難い、罰が当たる、目がつぶれる、などの日本人がつい一昔前まで持っていた素朴な感覚を取り戻し、三R（Reduce, Recycle, Reuse すなわち縮小、循環使用、再利用）や地産地消といった無駄の少ない生き方を目指す人が増えてゆく。

㈣　このことがもし成功すれば、世界の歴史上初めて我々日本人が、近代の西欧人によって口火を切られ、すでに五百年の歴史を刻んでいる人類の大暴走――まるでアメリカの西部劇で描かれるようなカウボーイの手に負えない家畜の大群の大暴走のような――に歯止めをかけるという偉業を成し遂げたことが、我々日本人の功績として人類史に記録されることになるわけだ。

七　人間の言語の起源と仕組みについての私の研究姿勢
――なぜ現生人類だけが音声を恣意的に使う記号体系を構築するようになったのか

このタイトルでの私の基本姿勢は、
《あくまで人間を他の諸々の生物とは異なった特異な存在とは考えず、人間も数ある生物の単なる一員に他ならないものと位置づけた上で、それでもなお人間の言語だけが持つ特徴は何かを探求するものである》

その結果としてこれまで次のようなことが分かっている。

一、人間言語の発生と発達を、チンパンジーなどの高等類人猿の音声行動との比較研究から考えようとする欧米の学界の流れは正しくない。だから論より証拠で、その長い歴史と様々な努力の割には、この方向での研究成果にあまり見るべきものがない。

二、それはなぜかというと、私の見るところサルという生物は、これまではっきりと指摘されたことがないようだが、そもそも人間の言語行動の最も重要で本質的な部分をなす、「音声の後天的学習とその再現」には殆ど関心を示さない動物だからである。日本語には猿真似ということばがあり、英語の ape（サル）にもほぼ同様の使い方があって、サルはいろいろと訓練次第では、人間の動作しぐさを真似することが上手なことはよく知られているが、しかしサルはなぜか野生状態でも、また飼養下でも、人間の音声を真似して再現することはしない。

この点ではサルも、知能のはるかに劣る牛や馬、そして犬や猫が、人間との長年月にわたる緊密な接触にも拘らず、人語を話したり仲間同士互いの鳴き声を真似し合ったりすることがないのと同列である。ということは、そもそも大脳の発達と言語能力の有無、強弱、さらには音（声）の使用や模倣などが、元来は無関係だからである。

私は人間の音声言語というものは、すべての生物が自分の体を維持し、そして子孫を生んで種属を維持するために不可欠である「仲間を含む、他者との記号交換活動」、つまりコミュニケーションの一形態に外ならないと考えている。この意味でならすべての生物は、それなりの必ずしも音（声）に頼らない「ことば」を持っているので、人間だけが言語を持っていると考えることは、正しくないと言うことができる。

三、このようにひとたび西欧流の考え方、つまり頭脳の発達、理性の芽生えなどと言語の発生や発達は必然的な関係にあるものとする、人間中心的、かつ人間至上主義的な生物観を離れて、人間だけが特別の存在ではなく、人間とて何千万種とある生物の中の一種にすぎないのだという観点に立つことによって、私はサルではなくむしろ大脳こそあまり発達していないが、音声による伝達行動が極めて豊富で複雑を極める小型の森林性鳴禽類《めいきんるい》が、人間の言語の起源、発達そして本質を考える上で、非常に多くの示唆を与えてくれることにいち早く気づいていた。

それはなぜかと言うと、私は人間の言語だけに興味を持って、他の動物の伝達行為の分析などは自分たちに関係のない問題で、それは動物学者か行動学者の仕事であると考えているタコツボ型の言語研究者とは違って、鳥類の飼養、鑑賞、そして音声活動の観察と研究は、私の幼少時から今でも一貫して続いている、片時も私を離れない関心事だからである。

四、アフリカの豊かな熱帯雨林で暮らしていた様々な種類のサルのうち、ある種のサルが今から数万年前の一大気候変動による森林縮少期に、地上に降りて二足歩行を始めたとき、たまたま生物界に見られる多種多様なコミュニケーションの手段のなかで、口から出る空気の流れ（呼気）を操作するという音声行動を選んだことが、結果的にこの後に人間となるこのサルの一種を、万物の霊長と自負自称するまでの（ほかの生物にとってはさぞ迷惑千万な）存在へと押し上げることに役立つことになった記号論的な利点には、次のようなものが考えられる。

① 互いの存在が、暗かったり遮蔽物があったりして見えなくても、音声記号の交換はできる。そして

発信者と受信者が可成りの距離を隔てていても伝達可能である。身振りのような動作を記号として用いる生物は、相手にこちらが見えていなくてはならず、また匂い物質を出して、それを伝達に利用する動物は、相手との距離に制限があるだけでなく、風向きをも考慮する必要がある。また体の一部を変色あるいは変形させて行う伝達も、相手に自分が見えることが前提となる。

② 人間の発声は主として「用済みの呼気（排気）」を声帯の振動によって変化させる多分に廃物利用的な性格を持つ行動であり、しかも極めて小さなエネルギーで喉頭に生じた微かな空気振動を、口腔と鼻腔という『共鳴箱』で増幅して発するものである。そのため記号発信者の負担が身振りや踊りといった動作や、体の一部分の色彩を変化させることで行う記号発信、あるいは特定の匂いを放出したりする記号活動などに比べて極めて少ないため、長時間連続しての発信が無理なくできる。

③ しかし人間言語の最も重要な点は、発せられた音声記号が発信者と受信者の双方にとって、ほぼ同じものとして受け取られるという点である。発信者の口から出た音波は、相手の鼓膜を刺激するだけでなく、発信者自身の鼓膜にも、ほぼ同様なもの（記号）として届くからだ。ほぼ同様といったのは、話し手が聞く自分の声は、空気振動に加えて声帯などの、発声に関与する諸機関の振動も、直接骨伝道によって鼓膜に伝わるから、結果として他者がそれを聞くよりは、少し低く聞こえるものだからである。しかしこの差は声以外の伝達手段の場合の、発信者と受信者の間にみられる伝達手段の生成と受信の際の投入エネルギー差と比べれば、問題にならないほど小さいと言える。

④ このように、一度発せられた音声記号は人間の場合、発信者と受信者にとってほぼ等しいものとし

て両者の中間に、しかも「どちらのものでもないものとして」受け止められるということが、やがて人間が発せられた音声言語を、それ自体が自立した、いわば自分たちのどちらとも直接繋がりのない、第三者的な存在者であると見做すようになる仕組みなのだ。このようにして音声言語は「それ自体が自立した、なにかしらの実態の裏付けのある存在」として、人々に受け止められるようになったものと思われる。この点は人間言語がどうして恣意性を獲得したかのいきさつを考える上で大変重要である。

⑤これが日本古代からの言霊信仰や、現代でも生きている風俗、例えば何か良くないこと、不吉なことを耳にしたとき、人々が「桑原桑原」と言ったり「縁起でもない」とか「罰《ばち》が当たるぞ」といましめたりする言動の奥にある、ことばそのものを恐れる心理なのだ。

　今でもキリスト教国では、みだりに神の名を口にすることを禁じるのも全く同じ理由からで、Goodbye!や、驚いた時の Good gracious! といった多くの日常表現に含まれる Good なども、God と言う魔力を持つことばをなるべく避けるための言い換えなのである。今では少なくなったようだが、以前は小説などで damned を d–d などと伏字で書いたのも、西洋諸国で日常多用される、とかく神や神の呪い、そして「地獄に落ちろ！」といった宗教がらみの罵りことばの持つ、「現実に発せられた言語記号は、その背後にある実態を喚起する力がある」ことに対して、人々が持つ強固な確信の存在を示している。

⑥ところで人間が用いる音声記号（ことば）と、それが表し示す物、内容、つまり指示対象との間には（ごく一部のオノマトペア的な語彙は別にして）なんらの本質的必然的な関係がなく、全く恣意的な

偶然によってそうなっているだけのもので、元々そうである必要も必然もない、ある時点での社会的な取り決めにすぎないものだということを明確に言い切ったのは、十九世紀後半に活躍したスイスの言語学者F・ド・ソシュールであった。

この考えは今でも言語学の常識となっているが、しかし人間の言語の起源を私のように記号論的な立場から考えようとすると、そこには解決しなくてはならない大きな問題のあることが分かる。

それは、すべての生物が相互に用いている記号は、その生物が生存しつづけて繁殖し、子孫を残すに必要な情報を、仲間を含む他者に伝えることを目的としているという事実である。したがってどんな記号活動でも、その生物の生存に必要な、なんらかの特定の目的を果たすためにあるので、ただなんとなく意味もなしに手足を動かしたり、むやみやたらと出鱈目な音声を発したりすることは見られないのである。ということはつまり、生物の用いる記号はすべてそれなりの必然性のあるものであって、偶然たまたまそのようになっているだけと言えるものなど全くないことになる。

そこでもし現在の人間の言語記号の大部分が、ソシュールの言うところの恣意性をその本質的特徴とするならば、人間の言語記号はその発達段階のどこかしらで、特定の内容を持たない、いわば中身の空の、外側だけがある状態を経ないと、何でも入れる、つまり恣意的な受け入れ状態にはなれないはずである。つまり、中に何も入っていない〈空の入れ物〉がなければ、たとえ恣意的でも何かが入ることはできないからだ。

五、人間の音声言語が恣意性をいかに獲得したかについての私の仮説

人間の用いる言語記号の殆どは、社会的黙契に基づく恣意的な記号だとソシュールは主張するが、すでに見てきたように、すべての生物が用いる生体間の記号（言語）交換は、どれも皆、必然性によって固く裏付けされて、簡単にその意味を変更することなどできないことが分かった。そこで人間という動物の用いる言語記号だけが、いったいどのようにして恣意性を持つ特殊な記号として発達したのかの、仕組みというか、その道筋を描くことが、言語学者の重要な仕事となるのは当然である。しかしこの点については、ソシュール自身もまたその後の彼の説の信奉者たちも、全く語っていないように私には見える。

私はだいぶ前になるが、鳥類の中には九官鳥やオオムそしてインコの仲間などのように、自種に固有の音声を発するだけでなく、耳にするほかの鳥の声や様々な音響（人語をも含む）を、ただ（面白がって？）真似したり、さらには再現も上手にしたりするのが巧《うま》いのがいるが、これを研究してみたら生物が用いる音声記号が、どのようなときに恣意性を持つようになるかの問題のヒントが得られるかもしれないと考えた（現在では何らかの音響や音声を真似し再現することが知られている鳥種は数十種にものぼる）。

そこで私は、当時高価だった九官鳥の若鳥一羽を手に入れて、約二年間、様々な試行錯誤の後、水が飲みたいときに水を見せれば《みず！》、餌が欲しいときには《えさ！》と、かなり明瞭な音色で発声するようにようやく仕込むことができた。この種の実験をもっと多くの個体と、九官鳥以外の鳥でさら

に長く行えばよかったのだが、いろいろな事情で外国出張が続き、私の学問的興味も広がる一方であったために、物真似鳥を使っての私のこの種の研究はこれだけにとどまってしまった。

しかしほぼ同時に行われたオーストリアのコンラート・ロレンツたちの、いわゆる物真似鳥の調教訓練は、教える方が時間や状況にかまわず《おはよう》や《こんにちは》と言わせたりせず、常に一貫して特定の物、人物などと一定の音声を同時に聞かせるようにすれば、鳥たちが条件反射的に、ある音声と特定の行動を結びつけて、発生したり理解したりするようになるという結論を得ている。

しかもこれらの物真似鳥の発する人語が、しばしば本物の人の声と誤認されるほどのものであることは注目に値する。私の九官鳥は一時外来者の出入りする玄関の近くの籠に入っていた。そして当時の東京では、魚屋、肉屋、八百屋といった生鮮食料を扱う店は、住宅地からは離れた駅前などに集まっていて、そこから毎朝「御用聞き」と称する店員が、主なお得意さんの家を自転車で回ってその日の注文を聞き、後で配達するという仕組みになっていたのである。

ところがある日、うちのお手伝いさんが、このごろ御用聞きが時々来なくなったのはどうしてかと母に尋ねたので、不審に思った母がすぐ店に電話したところ、

「今朝もちゃんとお伺いしましたが、《間に合ってまーす》とお手伝いさんが返事されたので、帰りました」と。これを聞いた私は、しまったと思ったのである。私の九官鳥が毎度の御用聞きの《こんにちはー》に対して、お手伝いさんが時々《間に合ってまーす》というものだから、それを覚えてしまい、《こんにちはー》と聞くと、すぐさま《間に合ってまーす》と勝手に返事をしていたのだ。私が早速鳥

籠を、奥の庭先に移したことで問題は解決したが、御用聞きが騙されるほど九官鳥の返事は、音声的には立派なものだったのだ。九官鳥の発声器官の仕組みと人間のそれとは、似ても似つかないほど違うのに、音声アウトプットは人が騙されるほど似ていたわけである。

以上のようなことで、言語学は様々な点でたしかに目覚ましい発展を遂げてはいるが、なぜ現生人類だけが音声を恣意的に使う記号体系を構築するようになったのかなど、考えてみると簡単には説明できない、偶然そうなったとしか言いようのない謎が、まだいくつもあると思う。これらの解明に気鋭の後進諸氏に大いに期待したいところである。

八　ことばは子どもの未来を拓く

——西洋基準、一神教基準はもういい加減止めよう

今、内田伸子先生からご紹介していただいた鈴木です。年齢は満九十一歳ですから、ここにいらっしゃるような若い方々と、テンポというか感覚その他が合わないいんじゃないかと少し心配しております。そしてもう一つあらかじめ申し上げておきたいのは、私は意外に子どものころは病弱で十歳まで生きないと言われて、その分甘やかされて育ったのですけれど、どうしたわけか、現在周りを見ますと、私の知り合いは殆どこの世にもういなくて、私だけが申しわけなく生きているという状態です。それで私は、自分についていろいろ勝手なあだ名というか号というかを付ける癖がありまして、最近は「死ぬことを忘れた老人」と称しているのです。そうしたら天罰てきめんでして、一週間前から猛烈な失血を始めまして、この会に出られないいんじゃないか、やっぱり神様を冒涜するようなことを言うもんじゃないと反省したのですが、実は昨日まで内田先生その他関係の方々に、非常なご心配をかけたんです。けれど、やはり最後には神様が助けてくれたのか、今日は、わりあいに元気でここに立っておりますけれど、何かおかしなことがありましたら、それは私の傲慢なる神をも恐れぬ物言いのせいだと受け止めてお許しください。

私は現在老人ホームに暮らしていて、たくさんの老人を見ております。そんななかで、「死ぬのはあなた方にお任せします、私は死にませんから」と言いたくなるような人たちと毎日のように接触し、その分思いがけない現象、あるいは大変な問題と日常茶飯事のように立ち会っています。とはいえ、私は老人ホームに入ってよかったとつくづくそう思っています。もし入らないで、娘たちの世話になっていたら、これからお話する新しい人生観とか世界観に到達できなかっただろうし、第二の人生、いや第三と言ったほうがいいかもしれない新たな人生を知ることもできなかったでしょうから。ですから最近は、もううれしくてうれしくて飛んで跳ねて、毎日六千歩必ず健康のために歩いたりもしています。ところが一週間前からはひどいことになりまして、昨日まで関係者の皆さんに大変ご心配をかけたという次第です。

しかもご心配かけついでに、ここで話す大事な原稿を忘れてきました。原稿があっても私は原稿を見ないで話すので心配はないのですが、もしかしたらちょっと調子が変なところもあるかもしれません。ともあれ、精一杯面白い話になるよう努めますので宜しくお願いします。

現代は人類史上最大の混乱期

さて、現在我々が生きている世界というのは、人類文明が始まって以来の非常な大混乱の時代です。過去五百年間、この地球の人間社会というのは、西欧のキリスト教的な世界観のもとで、言語はインド・ヨーロッパ語族と言いまして、英語、ドイツ語、フランス語、サンスクリット語、ロシア語といった言語が圧倒的な力を持ってきました。元々は一つの系統のインド・ヨーロッパ語族、今では英語がその代表ですが、そういう言語が全世界を覆ってしまっています。そして物事すべての基準とか考え方においいて、インド・ヨーロッパ的な発想が最も進んでいて正しくて立派で、他はダメだという固定観念が今なお支配的です。

コロンブス等が十五世紀半ば過ぎから活発に展開した「大航海時代」と称する時代を通してヨーロッパは、それまで知られてなかった南米、中米を、インカ帝国等を全て滅ぼし、大量虐殺し、莫大な富をヨーロッパ、当時の中心はスペイン、ポルトガルでしたが、そこに送ったわけです。

これを見て、イギリスは出遅れたものだから、ポルトガルとスペインの船を襲って両国が現地から強奪してきた富を横から奪い取るという海賊行為に走っていったのです。大英帝国の始まりは、実は大海賊帝国だったのです。で、イギリスの提督というのは、略奪品を持ってイギリスに帰ると、女王から褒めてもらって爵位を与えられることになっていた。私は子どものころ、そんなイギリス提督の偉人伝など読んで、どうして悪のかたまりみたいな海賊が、王様や女王様から褒められるのか不思議でなりませんでした。

私の大学生時代は最初は医学部で、医者になるつもりだったのですが、途中から言語の研究が面白いので、文学部の英文科に移ってインド・ヨーロッパ語をやりましたから、西洋の言語には割合詳しいわけです。そして、途中から指導教授の影響もあって、イスラーム圏のアラビア語、ペルシャ語、トルコ語の方に関心が移って、カナダのマギル大学のイスラーム研究所に研究員として一年間赴任したりもしました。そういう意味では世界各地の宗教とか言語を直に見たり、学んだり、教わったりする機会に恵まれてきたのです。

そんな背景を持った日本人として日本という自分の国を見つめ直すと、今の日本というのは非常に大きな自虐的な誤解に縛られて本当に持っている力を発揮できていないことがよく分かります。自虐というのは自らをいじめるという意味で非常に生産的でない考え方、態度で、日本人はこの傾向をいろいろな点で深く持っている民族です。

そんな国がなんとも皮肉なことに、非キリスト教国、非ヨーロッパ国では唯一、世界の超大国の一つとして全世界に影響を与える存在に本当はなっているのです。中国はまだ未完成ですよね。たとえばノーベル賞受賞者数一つとっても、日本以外に、ヨーロッパ言語以外の言語を使う民族で、ノーベル賞を二十六も受賞している国はありません。

英米、ドイツ、フランス、スペイン、ロシアというのは、元々がキリスト教でつながり、また言語も親戚ですから、英語、ドイツ語、フランス語、スペイン語、ロシア語というのはお互いに割合通じやすいわけです。ですからヨーロッパでは六か国語共通辞典なんていうのがあるくらいです。たとえば、犬というのは、英語ではdog、ドイツ語ではHund、フランス語ではchien、ロシア語ではсобака（サバーカ）で、こういう風にイコールでつなげるわけです。ところが、日本語というのが入ってくるとイコールでつなげなくなる。というように日本語というのは異質な言語で、宗教はキリスト教でない国、と言ったら、この中にキリスト教徒の方がおられて、そんなことはないと反論されるかもしれませんが、統計的に言うとどうみてもキリスト教国ではありません。明治初期からは今日まで、別にキリスト教が国家から禁止されてきたわけでもなく、むしろハイカラな宗教といったイメージが広く浸透し、またクリスマスやバレンタイン、ハロウィンなどキリスト教的文化行事も日本の方が盛んなくらいですね。だけど宗教的に本当のキリスト教徒は統計的に見れば明治以来現在まで、人口の一パーセントを超えたことがないのです。

日本では、ちょっと高級なにおいのする女学校はたいていキリスト教系であって、良家の子女はキリスト教系の大学に入る傾向が強いのですが、そこを出た多くの人がキリスト教徒になるかと言えば、そうではなくほんの少数しかならない。

日本文化の中に、なんとはなしにキリスト教的な世界観を拒否する空気、キリスト教的世界とは別のものがあるのです。一見するとキリスト教的文化や教育になびいているかに見えて、信者は一向にふえない。こんな国は全世界で日本が唯一です。

「和魂洋才」が結果的に賢明だった

日本も幕末にペリーが来て大騒ぎとなり、ご承知のように、イギリスかフランスの植民地になる寸前だったのですが、日本は江戸城を無血開城して、その危機から自らを守り抜きました。西郷隆盛と勝海舟がここで内輪もめをして江戸を火の海にすると、結局イギリスかフランスの植民地になってしまう恐れが強いから内戦はやめようということで、無血開城となった。中国やインドも含めて全世界が西欧の武力侵略の前に植民地になったわけですが、日本はそうなる寸前で話し合いによって無血開城とし、英仏の本格介入を許さなかった。結果的に日本は、植民地になった経験が一度もない非西洋の文明国で、そんな国は日本だけなのです。

そういうふうに見ますと、日本は西欧と非常に違うのです。そしてその違う日本がどうして西欧に追いつけたのでしょうか。ここがとても面白いところです。「和魂洋才」ってお聞きになった方があると思いますが、日本人は、大砲とか船とか、まあ二百年以上も鎖国をしていたし、そういう物を造る技術は遅れていた。けれども人間としての知恵とか精神性、優秀さにおいては全く遅れていないのです。だから日本魂、大和魂、和魂は大事に守って、ただし、物を造る技術等はヨーロッパに学ぼうということで「和魂洋才」で行く道を選んだ。それまでのすべての先生と仰いでいた中国を見限って、自分の文明的位置付けを中華文明圏から西欧文明圏に、自分自身で変えたのです。私はこれを「自己植民地化」と言うのですけど、日本は植民地になったことがないくせに、自分で外形的には西欧植民地の位置に抵抗しないで立つことになった。

そして、これが結果的にはとてもよかったのです。昔、と言っても明治から「大東亜戦争」前のことですが、日本では西洋人のことを「毛唐」とやや卑しめて言っていた時期がありました。「けむくじゃらの中国人」みたいな意味合いだから現在では使用禁止ですが、この言い方にはそれなりの背景があったとも言えます。西洋の代表格であるイギリス、アメリカ、フランス等に対して日本人は心の奥深くでは、当時の軍事力や経済力、技術力ではたしかに大幅に遅れをとっているし、急いで学ばなければならないが、しかし歴史の重みや文化の豊かさでは欧米諸国など比較にならないほど違いがあると確信できていたということ。そのような優越感と劣等感が入り交じった表現として「和魂洋才」の飛沫の一部のようにして「毛唐」という言い方が広がっていったのでしょう。いずれにせよ、国の古さとしても日本は、現在ある国でいちばん古いのです。アメリカ合衆国なんてまだ二百五十年にも及ばない歴史しか持っていない。

このように日本というのはいろいろな意味で不思議な国なのです。国家体制としては何度も王朝交代があったが、文明としては抜群に古い歴史を持つ中華文明のいわば衛星国であった日本が、明治以降急激に中国離れしていくのですから、それだけとっても凄いこと。アヘン戦争でコテンパンにやられてダメになって、それまでは「眠れる獅子」と言われていた中国が、実際は獅子じゃなくて眠れるウサギでしかなかったと言われるほど、フランス、ドイツ、イギリスに植民地化されちゃったわけです。それを見た幕末・明治の指導的立場にある人たちが、日本はああなってはいけないということであれこれ知恵をめぐらせた上で選んだのが、日本独自の道でした。

自分たちはまだ軍事力等弱いのだから、インドや中国みたいに強いふりをして立ち向かうと途端にやられてしまうから、まずは強がるのはやめる、と。「夜郎自大」という中国のことばがありますが、それはやめるということ。昔中国の西南部に非漢民族の「夜郎」という小さな国があって、すぐ近くに漢という大国があるのに、そのことをよく知らないために、自大、自分は大きいと威張っていたらたちまち漢からつぶされてしまったという先例を教訓として、「自大」方針は避けるという判断。

これは当時の国際情勢において極めて賢明な進路選択でした。自分はまだ弱いと率直に認めて、欧米に教えてくださいと低姿勢に向き合っていったので、欧米も武力で攻撃という選択肢はとりにくくなったのですから。これは考え抜かれた末の戦略というより、日本は元々そういう一見卑屈な姿勢を括《てん》として恥じない民族だったと見た方がいいかもしれませんね。つまり自分が無知であるときに、それを隠さないし、平気な顔をして私に教えてくださいと言える国。ですから日本というのは、いろんな国から、教えてくださいという形で、古代から江戸時代までは中国、明治からは欧米、そして第二次大戦、「大東亜戦争」敗北以降はアメリカを先生として、向こうの国のいいところを、「今日のアメリカ、明日の日本」という形で学ぶことに括として恥じないという、ある意味では毅然とした自分がないような情けない点もありますけれど、毅然としたものがある国は、全部西洋という巨大な暴力装置によって壊滅的にやられてしまったのです。ですから日本は結果からみると、すごくうまく立ち向かったと言っていいのです。

日本は外圧には竹型の国

私は、よくたとえて言うのですが、嵐が来ると、中国型の「俺は」という自分の文明に自信のある国はまるで樫の木のように嵐に向かって立ち向かうのです。嵐より自分が強いときは勝つのですが、自分より強い嵐が来るとぽっきり折れてしまう。ところが日本という国は竹型で、風が吹いてくるとひゅーっと曲がる。すると外圧が頭をすーっと通り過ごして「勝った勝った」と通り過ぎていくと、いつの間にか日本はひゅーっと、さっきよりも背が高くなって立ち続けているのです。外圧を受けると必ず「先生、教えてくださいい、恥も外聞もありません」というふうに留学生を送ったり、その国の本を勉強したりと至って謙虚になれるのです。日本という国は世界で珍しいほどそういうことをやれた。だから私は、神様はどうして私たち日本人を、これほど素晴らしい地政学的な環境に住まわせてくれたのかといつも感謝しているのです。もしも神様がいれば、あの世に行ったときにお礼の一つも言いたいと思っているのです。

たいていの国は、目をつぶって歩いて行くと、よその国に行ってしまう。国境がある。ところが日本という国は国境のない非常に珍しい大国。たとえばフランスは六つ国境があるし、アメリカも三つあります。ところが日本というのは、目をつぶってどっちへ歩いて行っても海。だから外国の人と生身で、庶民が日常的に接触するという経験を持たない珍しい民族として過去二千年、三千年と歩んできているわけです。ヨーロッパの諸民族は、何であれほど戦争に強いのかと問えば、古来もう絶えず国境や宗教、諸々の利害をめぐって戦争を繰り返してきたからで、戦争がない時代を見つけるのが難しいくらいなのです。

日本が最初によその国と外交関係を持ったのは、隣の中国で隋という国が興った時です。

それまで千々に乱れていた国を統一してすごい大きな国をつくったときで、日本がそれに文化使節を派遣して、「うちは貧乏で勉強もよくできないからいろいろ教えてください」と姿勢を低くしてお土産としては、干した昆布とか、するめとか、そういう情けないものを持っていきます。それに対して向こうは「よしよし」と喜んで歓迎。つまり古来中国では自分の権威を認めて世界の中心だと敬えば面倒は見てやるという態度で迎えてくれたのです。「俺は強いんだ」という姿勢でいけば、さっきの夜郎自大みたいにやられてしまうのですが、それとは真逆の姿勢で日本は向こうから、文字、宗教、芸術、さらには社会制度や国家制度まで実に多くのことを習ってきた。隋は約三十年でつぶれてしまい、唐という国に代わった後も遣唐使を必要と判断する限り送り続けて、向こうの素晴らしい文化、技術を学び、本をたくさん買い、ひたすらよく学び、吸収してきたのです。そして、明治以後は欧米から基本的に同じような姿勢で学習し続けてきたのであり、これがなんと一九六四年まで続きます。

一九六四年が「他律型文明」から脱した歴史的分岐点

一九六四年とは東京オリンピックがあった年。東京オリンピックまで日本は外国からひたすらよく学ぶという「他律型文明」と私は言うのですが、それで生きてきた国なのです。他者が律、基準である文明。つまり、いいこと、優れているものはあちらだと向こうに自分の座標を定めるという考え方が根底にある文明だったのです。それがオリンピックのときに変わったのです。具体的に細かに言うと、時計や自動車を例に挙げていくらでもありますが、大きく概観すると、オリンピックを契機として、今まで二千年近く習ってきたばかりの日本が、ついに教えてきてくれた先生である中国はもちろんのこと欧米諸国に追いつき、追い越すレベルに達したことが明らかになったのです。今まで水底にいた潜水艦のように、水の上の先進国から習っては水中に降りて、を繰り返していた日本が、よく学んだ分だけ太ってぽっかりと水面に顔を出したのが一九六四年のオリンピック前後だったのです。あのときに新幹線ができ、高速道路もでき、そして高層ビル建築もできた。日本は地震国ですから、それまではだいたい十階くらいまでしか造れなかったのだが、やはり西洋の技術もよく学んで四十階の霞が関ビルができたのが、だいたいそのころです。

つまり先進国の三種の神器を得たのが一九六四年なのです。それまでの他律型文明が、今度は日本が世界一のものを造って輸出する国へと変わり始めた年でした。"Japan as Number One" という本をエズラ・ヴォーゲルというハーバードの学者が書きましたが、それまで世界で一番良いとされていたスイスの時計が日本の服部時計店によって凌駕され、アメリカのフォードは日本のトヨタによって大打撃を受けるようになった。向こうが散々日本に教えてあげて、東洋の黄色い猿だと馬鹿にしていたのに、猿がいつの間にかトップに躍り出ていたのですね。これが世界中の日本叩きになって、日本もちょっと景気が悪くなったりもしたが、とにかく日本は、経済と技術の点では世界の水準に追いついたどころか追い越してしまったのです。

地球と人類が滅亡に向かっているのが現代の核心

ところが、日本人の大方はこの歴史的分岐点についての認識が殆どできておらず、それが教育、とりわけことばの教育の面でも国として本質的に新たな活動を生み出しえなかった主因です。

そして、この半世紀余というのは地球環境が著しく破壊され、地球と人類が滅びに向かっていることが否定しがたく明らかになってきた歳月でもありました。そんななかで、日本の教育の最大テーマは何であるべきか、同時に半世紀前から事実として世界の先頭に躍り出てきている日本の果たす役割は何か。これが今日の会で私が一番お話したいテーマでもありますが、その前に最近の世界の動きについて一言。

第二次世界大戦後の世界は冷戦期間もありましたが、その後はキリスト教を精神的なバックボーンにした西欧諸国、とりわけアメリカを圧倒的な主力とした世界管理が成り立ってきました。ところが、最近アメリカのトランプ大統領が、もうアメリカは世界のポリスマンをやめると言い出しているように、この世界管理方式が大きく揺らぎ始めています。今まではアメリカが大変なお金と軍事力で世界に事があれば、すぐに米軍を派遣して、混乱を収めて、もちろんそれが自分の経済にもなったわけですが、そういうことはやめると宣言。アメリカの前は大英帝国、世界の七大陸をユニオンジャックのもとに支配していました。私が子どものころは、世界地図を見ますとあちこちがピンクだらけで、なぜ世界はこんなにもピンクに塗ってあるのか、親に訊いたものです。それはイギリスがピンクだったから。そのイギリスに代わって第二次大戦後、特に冷戦後はアメリカが世界を支配してきたのですが、その世界管理方式が今や音を立てて崩れ去ろうとしている。もっともアメリカの国力低下、国際社会に占める影響力、支配力の弱化は今に始まったことではなく、もうかなり前から始まっていたのであり、それを見越して、このところロシアと中国がじわじわと世界秩序の再編に乗り出してきています。いずれも帝国主義国家としては何周も遅れて出てきたのをむしろ自己正当化の武器にするかのようにロシアは、「おれの了解なしに決めた国際条約なんて紙屑だ」みたいな態度で、ウクライナからクリミヤ半島を力づくで取り戻して現在は既成事実化を着々と進めている様子。

また中国も、「おれがアヘン戦争でやられてから、欧米は全世界を我が物にするかのような好き勝手を働いてきたが、これからはおれの番だ」と世界のあちこちで影響力を拡大しています。ですから今、世界は、事があったらおさめる中心が不在となっているのです。国連なんて今や名前だけで何も決められないし、なんの力もない状態。だから世界はこれからどうなるか、誰にも分からない。

そんななかで、テクノロジー、科学技術が進み、どんどん便利になり、情報や物、人の移動、交流は活発化する一方であり、その分エネルギー消費も増大するばかり。日本にやってくる観光客も増え続けており、一見いいことずくめに思えるかもしれませんが、しかし、よく考えれば、非常に困ったことに、実はそうしたこと自体が地球の資源、環境をどんどん悪化させて、地球自身が滅びる、つまり人間の過度の活動によって地球が滅びる危機が一段と強まってきているのです。

なので、それをなんとか食い止めようということで、大気汚染を減らす、資源枯渇を防ぐとか様々な国際会議があるのですが、地球荒らしの主役である肝心のアメリカはそんな危機説など学者の作り話にすぎないみたいな態度で、その種の会議に出る意思さえ持たなくなっている。一方の中国、ロシアも地球第一の国ではなく、環境よりも経済、軍事という点ではアメリカと同じですから、このまま進むと、人類が共食いを始めなきゃいけないような悲惨な状態に遠からず陥っていくほかありません。旧約聖書に記されている「ソドムとゴモラ」みたいなひどい世界にこれからなること必定なのです。三十年先か、五十年先か、あるいはもっと早いかもしれません。というのは、昨日もテレビで見たのですが、インドでは人口がどんどん増えて、今までゾウが何千頭といた原始林があっという間に住宅地に変わってしまう。そうすると当然にもゾウと人間の間で問題が起きてくるのだが、人間の側は平気でゾウを殺す。この前にはトラをほぼ全滅させてしまっています。

で、大型の動物で、数の多いのは今や人間だけです。人間が七十五億以上います。一方、野生のキリンは数千頭、カバも一万頭、みんな絶滅寸前なのです。オーストラリアのカンガルーも今はまだたくさんいるが、どんどん狩猟で撃たれています。カンガルーの肉はペットフードにいいということで、オーストラリアのペットフードは殆どがカンガルーの肉です。

このように人間が増え、かつその欲望が果てしないために、人間と本来は共存共栄で暮らしているはずの人間以外の動物が、人間の欲望によってどんどん絶滅に追い込まれている。それが極限にまで行くと、どうなるか。人間自身も一挙に破滅に向かわざるをえなくなる道理です。

西洋基準、一神教基準はもういい加減止めよう

ですからこの辺で、人間は自分の欲望を抑える道を真剣に考え、その道を次代を生きる子どもたちに教育していかなければならない。これが今日私がお話したいことです。これからの日本の教育というのは、その問題を忘れちゃいけない。アメリカではこうしてる、デューイがこう言った、ペスタロッチがどうだ、といったことでお茶を濁している場合ではないのです。地球と人類の現状と未来をどう見つめ

て、どういう原理で教えていけばいいのか。これまでのように海外に範を求めて、たとえばフィンランド教育が評判いいから、それを導入すれば何とかなるという時代ではありません。その意味では、もう見本とする範はないと割り切った方がいいでしょう。

私は何に依拠すべきかというと、日本の伝統的な文化、遡れば縄文以来の感性、考え方が大きな手がかりになると思っています。西欧の一神教的な、人間を一番上に置き、他は人間のために使われ、人間の食べ物とか着るものになるためにあるのだというキリスト教的な考え方、さらにはアリストテレス的な階層明示的世界観をやめて、私たちは死ねば土になって、しばらくするとどこかの大根かイワシになるという輪廻転生の考え方を見直すべきだと言いたいのです。つまり私たちの命は不滅であって、今、例えば鈴木孝夫という人間は明日か明後日にも死ぬかもしれないけれど、それは無になるのではなくて、他の動物・植物に姿を変えて永遠に地球の上をぐるぐる回って生き続けるのだという考え方。

「万物は流転する（パンタレイ panta rhei）」と古代ギリシャのヘラクレイトスという哲学者が述べた、これに通じるような考え方でもあります。そして、こういう考え方をいわゆる先進国で一番残しているのは日本なのであり、これは一神教的考え方とは根本から違っています。

ところで、日本という国では、キリスト教徒がなぜ人口の一パーセントを超えたことがないかと言うと、キリスト教では神様が羊飼いで、信者は羊なのです。中近東の草原や砂漠で一番数が多い動物は羊ですから、このたとえ話は分かりやすく親しみやすいのでしょうね。そして羊は、草原や砂漠を移動する際、千頭、二千頭、一万頭の群れがボスの言うことを聞くのです。ボスが指示する方向についていく。

そのボスを一人の羊飼い、つまりキリストがコントロールすると、人類は意のままに動いていくという、そういう遊牧民族型の文化から生まれた、それなりに意味と根拠のある宗教なのです。

ところが日本は、放牧の伝統が最もない国。ですから、いくらキリスト教の賛美歌が美しいとかクリスマスやバレンタインなどで行事が盛り上がっても信者がなかなか増えません。それは、私たちの心の中にキリスト教的な要素が本来ないからなのです。もちろん日本人にもいろいろな人がおり、キリスト教に親しみを感じる人もいるので、それが一パーセント弱くらいになるのでしょうが、この数字を百年以上かけても超えることがないのには深い理由があるとみなければなりません。

これに比べて隣の韓国では、日本の植民地化を離れたとたんに、キリスト教徒が四十パーセント前後になったと言われています。私たちと韓国人は、顔かたちは似てるし、いろんな意味で昔から同根同種とか一衣帯水とか言われてきたのですが、実は文化的な心は違っていて、韓国人は肉食民族なのです。その点では同じユーラシア大陸の中国人やモンゴル人などと食生活は同じ。日本人の食生活の基本はこれらとは異なって魚です。

それからもう一つ、日本の世界でも珍しい食生活は貝です。貝塚というのが日本にはたくさんあって、明治初期に来日したオランダやドイツの学者が驚いたように、何百年何千年と食べた貝殻が積まれていて腐らないである。日本は魚介文明なのです。この指摘自体と、魚介文明と肉食文明とはどこが違うかについては私なりの論があり、それは世界で誰も言った人がいない新説なのですが、詳しくは私の『日本人はなぜ日本を愛せないのか』（新潮選書）の第三章を読んでいただくことにして、ここではこれ以上触れないことにしましょう。

ともあれ、何度でも力説しておきたいのは、物事を判断するときに西欧基準、一神教基準でものを見るのはもう止めましょうということ。明治以来東大をはじめとする大学の教員や官僚といった日本の知的エリートは殆ど皆西洋型であり、西洋基準に毒されてきていますが、地球環境問題一つをとっても、その限界、問題点が出尽くしてきていることでもあり、もういい加減卒業しなければなりません。

今こそ日本古来の自然観、世界観の見直しを

今こそ西欧人とは古来異なる自然観、世界観、死生観を抱いて、別の立ち位置から世界と向き合ってきた日本人の出番なのです。立ち位置が違うと、人間というのは見えるものが違うということを示していく必要があります。

たとえて言うと、富士山には宝永山という一七〇〇年代に爆発してこぶになっている小さな山があります。この山は太平洋に面した静岡県側の人にはよく見えるのです。だけど甲府の人とか長野の人には富士山のあんなこぶは見えません。つまりその人が見ている立ち位置によって、あるものの持っている性質とか形状とか自分にとっての意味とかが変わるのです。これが欧米人にはなかなか理解できません。彼らにとっては人間がとにかくこの地球上で一番であり、なかでもヨーロッパ人、アメリカ人が一番進歩しているという固定観念からなかなか抜け出せません。人間世界を見る場合も自分を頂点に置いて、黄色人種、黒人とヒエラルキー的に見る癖がしみついています。私の見方はそうではありません。

日本人は欧米人とは別の所にいるから別のものが見えるのです。それはどうしてかというと、何千万種いるか分からない、ばい菌まで入れると、おそらく億もいる地球上の変化に富んだ生物全般への目配りができて、しかもそこには全部一つの鉄則があることが見えているからに他なりません。

それはすべての生き物は環境が変わると身体、性質が変わるということで、これを証明したのがダーウィンのガラパゴス島でのダーウィンフィンチの発見です。

人間だけがどんな環境に住んでも人間であることがあまり変わらないという唯一例外の動物なのですが、それはどうしてかというと、人間は環境と自分の間に、言語文化という一つの目に見えない衝撃吸収装置を持っているからです。それを「中間領域」と私は言うのですが、ドイツの言語学者ヴァイスゲルバーなどは「中間世界」と呼んでいます。とにかく人間というのは直に環境に接する生き物ではありません。もしも全部直に外部世界に接していると、固いものを食べるためには歯が長く丈夫にならなければならない、花の奥の蜜を吸うためにはくちばしが長くなければならないというふうになります。このようにして自分の身体をどんどん変化させるのが他の動物だから、元が同じ動物でも違った環境にいくとお互いが仲間ではなくなってしまうという法則がガラパゴスにおけるダーウィンの発見だったのです。これが進化論のベースです。

ところが、進化論だけでは説明できない大事なポイントがあります。それは人間というのはその環境によって、その言語、文化を変えるから、その言語、文化の違いが、いわば動物におけるくちばしの細さとか歯の太さという身体の変化に代わるものだというポイントです。これが言語相対論、文化相対論で、欧米ではあまり人気がありませんが、まさに日本に当てはまるのです。日本では家畜の肉を食べなかった。明治まで私たち日本人は牛も豚も食べなかったのです。私の父は千葉県生まれですけれど、明治になって牛肉を街で食べて、村長の親父（私からすれば祖父）の所へ帰ってくると、「おい、止まれ」と言われて、まず体中を塩でお浄めされたとのこと。

日本人はあっという間によその文化になじむけど、本当の深いところは和魂洋才で、ヨーロッパ、キリスト教と違うものを持っているわけです。だから、たとえば新年の正月三が日に、何百万人もの人たちが明治神宮や伊勢神宮への初詣に出かけるというのも、伊勢神宮が何なのかが本当はよく知らない、明治神宮も特に信じているわけでもないのだが、なんとはなしに私たちは神社にお参りすれば救われたような気になるからなのです。キリスト教の教会で賛美歌を歌うといい気持ちにはなるだろうけれど、欧米人が感じている救いとかそういうものは、どうも日本人にはピンとこないのではなかろうか。

つまり人間は同じ人間でも、実は世界に対するアプローチの仕方が違うのです。ですから今までの教育というのは、どちらかというと欧米は進んだ国で日本は遅れた国だから、追いつき追い越せという形できたのですが、これはもう変えなければならない。日本はもはや総合力で欧米を追い抜いてしまっているとも言えるので、もはや欧米を目標にはできないし、すべきでもない。自分自身のオリジナルな世界観というものに自信と使命感をもって世界に向き合っていくことが求められているのにもかかわらず、いまだに追い抜いた欧米に向かって、どっちに行けばいいの、と聞くみたいな馬鹿な傾向があちこちに見られるのは情けない限りです。

渡り鳥でも先頭が代わるように日本が今こそ

それでは欧米に対しても失礼というべきで、本当は、いよいよ日本の番がきたと自覚して、日本がこれから世界を指導する立場につくべき時がきているのです。私たちはこれまで、中国、ヨーロッパ、アメリカから無限に、いろんなものをもらってここまで歩んでくることができたのです。たとえば、今日あなた方がここに男女同じに座っているのも、もしも日本が戦争に負けなかったら、こちらが女、こちらが男と全く別なままだったかもしれません。そして大学に女子の学生は殆ど入れないままだったかもしれません。現在、日本人が普通だと思っていることの殆どはアメリカのおかげというか影響でもたらされたと言ってもいいくらいなのです。それほどに恩恵を受けてきたのに、日本はまだそのお返しをしていないのです。日本人は元々義理がたいのにです。ですから私は、今こそ欧米はお疲れで、しかも現在の地球と人類が直面している深刻な危機に対する処方箋を書く哲学と具体策を持ち得ないのだから、「長い間お疲れさまでした。五百年も先頭に立って世界を引っぱっていただきありがとうございました」と丁重に労をねぎらった上で、「群れをなして翔ぶどんな渡り鳥でも、先頭というのは風圧を受けるから時々交替しなければいけないのです。それと同じように人類という雁の群れの先頭を日本がしばらくお引き受けしますから、どうぞお休みください」というふうに、いたって謙虚な姿勢で日本が責任を引き受けるべき時がきているのです。

そうだとすれば日本の教育は、これから日本が世界に向けて待ったなしで果たすべき役割、使命を大前提にふまえて構想される必要があります。少なくともその参考テキストはペスタロッチでもなければデューイでもないし、カントでもなければサルトルでもありません。日本人が心からいいと思う日本のテキストを選んで教育を行えばいいのです。

日本が、今こそ前に出て指導的立場を果たすべきという根拠はいくらでもありますが、例えば凶悪犯罪率が世界で一番低いのも誇っていいこと。乳幼児死亡率も世界で一番低いのも然り。現在は一千人に一人しか死なない。たいていの国は百人に一人とかです。ですから日本というのはよくよく見比べてみると、今の世界の西欧水準からしても涎《よだれ》が出るほど素晴らしい実績を生み出しているのです。にもかかわらずその日本自身が、これから何処へ向かって進んでいけばいいんだか分からない状態にあるし、ましてや今や危機に瀕している世界に対して、これを引っ張っていけるビジョンを打ち出し得ていない。ですからこれからの子どもを教育し、指導する大方向も見えていないままだと言わざるを得ません。こうした現状を打破し、日本が古来大事にしてきた自然観、世界観、死生観をベースに据えて、地球と人類の迫りくる破局をなんとかしのいでいける哲学を明示して、言語教育を含めてすべての教育を全面的に見直していくべき時なのです。

もう時間がないので具体的なことを一点だけ言えば、私は常々地球を滅ぼすような無駄な商品、無駄な生産、エネルギーの過剰使用、馬鹿げた経済優先主義をやめようと唱えてきたのですが、今日のこの場でもこんなに室内を明るくして電気を無駄遣いするのは間違っていると敢えて言いたい。こんなに明るくなくても快適な講演会は充分できるのですから。具体的な生き方や実践において無駄な電気や過剰エネルギーに頼りながら、一方で掛け声的に「地球を保護しよう」などというのではダメなのです。

（ここで一旦話は終えて、その後、司会者とのやりとりで補足的に次の話も）

とにかく私は、昔から「あちらでは」という言い方をやめなければいけないと唱え続けてきています。つまり「出羽守」型の発想はいい加減やめて、むしろ「日本では」と言うべきだと。たとえば今、アメリカで深刻な問題になっている銃規制がライフル協会だかから共和党の政治家が莫大なお金をもらうからできないわけですが、しかしあっという間に一千発も発射できるような銃を、なんで庶民が持っている必要があるのか。日本は昔から特に認められた人間しか刀を持っちゃいけないし、今では銃も持っていない、それもあって凶悪犯罪率が世界で一番低い。ですから、もう少し日本の実情を「我が国ではこうだよ」と自慢じゃなく、威張らなくてもいいけど自己開示する必要がある。

私はそのためには、世界に日本語を広めて日本語を知らないで死んでいくかわいそうな人をひとりでも減らしたいということで「日本語教」という新興宗教を起こしたんです。なかなか信者が増えないのですが。

そこで最後に皆さんに特に繰り返してでも申し上げたいのは、教育を考えるときに、フィンランド教育がいいとかアメリカの何とかがいいとか、とよそに範を求める発想はやめるということ。そうではなくて、今や日本という国が総合的に見て世界で一番いい国になっているのだから、その教育が悪いはずがないと考えることがまず大事です。そして、そこで使われている日本語が悪かったら、こんないい国になるはずがないということ。そもそも日本語が悪いとか劣った言語だという先入観も明治以来欧米人が日本人に植えつけたものです。いやな例ですが、美人に向かって「あなた日本人離れしてる」と言うと、日本人はたいてい喜ぶというのが一番いけないのです。日本人に向かって、日本人離れしているなんていうのは侮辱の最たるものだと怒るべきなんです。エスキモーは同じようなことを言われたら怒ります。なぜか。西洋の美的基準を認めていないからです。日本人もこれにならってこんな素晴らしい日本に生まれたことを喜び、いくら神様に感謝してもきりがないくらいに日本人である自分を高く評価すると、もう心身共に光り輝いて生きてることが嬉しくてたまらなくなる。どんなにトシとっても死んでなんかいられないという心持ちになる。まあ私がそうなんですが。

——というわけで、話があちこち飛んだような飛ばないような感じで、私も今日の講演については自分で評価できませんけど、もう時間が過ぎたようなので、これで終わりにしたいと思います。どうもありがとうございました。

解　題

巻頭言：「日本は今や借り物ではない自前の世界経綸を発信すべき立場にある」

書き下ろし（本年六月執筆）

現在鈴木孝夫は東京・渋谷の老人ホームに起居しながら、そこでの自らと同じ入居者たちの暮らしぶりや日常的に起こる様々な出来事の観察、解読に努めつつ、同時に日夜、地球と人類、世界と日本の現状と近未来に思念を凝らしているが、この巻頭言はそうした鈴木孝夫ならではの最新の考察の一端を示すもの。

「私としては初めての講演集」という言い方に満年齢で九十二歳も半ばを過ぎている中での本書発刊にまつわるいささかの羞恥と大いなる喜びが読みとれよう。

講演録

一「世界を人間の目だけで見るのはもう止めよう」

二〇一六年十一月六日開催のタカの会（鈴木孝夫研究会）関連の会（東京・神田神保町の「サロンド冨山房フォリオ」にて）での記念講演。内容的に本講演集を代表する質量の講演につき、講演録巻頭に掲載した。

【以下の講演録等は、講演等の年月日の早い順に掲載】

二「言語・文化の多様性とは環境変化から人間を守る緩衝装置だ」
二〇一二年十月二十一日開催のタカの会関連の会での記念講演。会場は「一」に同じ。

三「グローバル化時代を迎えた日本の大学の中心は文学部だ」
二〇一五年六月二十日　慶應義塾大学文学部創立百二十五周年記念の会での基調講演。慶應義塾大学・三田キャンパス内の会場にて。

四「今、日本に最も欠けているものは国家的対外言語戦略だ」
二〇一五年六月二十五日　伊勢の皇學館大学「現代日本塾」第三十四回での記念講演において聴講者に配布されたレジュメを基に構成。三重県伊勢市にある同大学教室にて開催。

五「日本語と日本文化が世界を平和にする」
「新潮45」誌二〇一六年六月号掲載。「世界『日本化』計画」と題する同誌特集八編の論考等の冒頭に掲げられたもので、いわゆる講演録ではないが、「談」をまとめた一文とのことにつき収録。なお、この誌での肩書が「言語生態学者」となっているのも特筆されていい。

六「今、日本語を世界に広めることにどんな意味があるのか」
二〇一六年六月二十日　東京・日本倶楽部会館での記念講演。主催は一般社団法人日本倶楽部で、霞が関官僚OBの組織である由。当日聴講者に配布されたレジュメを講演後に鈴木孝夫本人が加筆・修正したものを基に構成。

七「人間の言語の起源と仕組みについての私の研究姿勢」

二〇一七年十一月二十五日開催のタカの会関連の会で参加者に配布された記念講演レジュメを基に構成。会場は「一」「二」に同じ。

八「ことばは子どもの未来を拓く」

二〇一八年二月二十二日開催のお茶の水女子大学附属小学校第八十回教育実際指導者研究会全体集会での基調講演。

なおこの講演録冒頭に名前の出てくる内田伸子さんは当日の全体集会の司会を務めたお茶の水女子大学名誉教授。

（文責・松本輝夫）

解説兼編集後記

鈴木孝夫初の講演集にして最後のメッセージ集を編んで

松本輝夫（鈴木孝夫研究会主宰、元ラボ教育センター会長）

鈴木孝夫先生の講演記録等を集めた『言語生態学者　鈴木孝夫講演集　世界を人間の目だけで見るのはもう止めよう』がついに刊行となった。筆者が編集責任を担って『鈴木孝夫の曼陀羅的世界――言語生態学への歴程』が今回と同じく冨山房インターナショナルから刊行されたのが二〇一五年七月であり、その直後から「次は鈴木先生、初めての講演集を出さねば」と企て始めたのであるから、この間に数えれば四年もの歳月が流れていることになる。その割には、圧倒的な大著である前書と違って、ややコンパクトな一冊となっているが、この時間のかかり方にもかかわらずの、この仕上がり方にこそ本書ならではの格別な意義と特長、そして辿ることが必然でもあった容易ならざる経緯（先生の体調不安も含めて）が凝縮して詰まっていると言っていいだろう。

この講演集の基本方針や内容構成をめぐる先生とのやりとりは、諸事情から幾多の変転を重ねることとなったが、本年二月ごろであったか、最終的に合意でき、実行に移したのは左記の通りである。

本書編集の基本方針

㈠　かねてより「私は本当は原稿執筆は嫌いだが、講演は大好き」と語る鈴木孝夫につき、昔から講演は数知れず行ってきているが、主催団体機関誌等にその記録が残されているものは意外なほどに少ないこと、また他ならぬ今、一冊の本として世に出す以上は、やはり近年の鈴木孝夫の語り口調や主張、心境がよく伝わるものでまとめた方がいいとの判断で一致。よって鈴木孝夫研究会（タカの会）が発足した二〇一〇年春以降のものから選ぶということをまず申し合せたのだが、その際二〇一二年四月まで定期的に会を重ねたタカの会での講演は、その記録が既に『鈴木孝夫の世界』誌（全四巻。冨山房インターナショナル）に計十四編、掲載済みのため、これは対象外とすることも確認。

㈡　タカの会は、前記『鈴木孝夫の世界』全四巻刊行をもって形の上では解散となったのだが、しかし、その後も鈴木先生の米寿記念や卒寿記念、あるいはタカの会中心メンバーの著書出版記念という形で、鈴木先生を囲み、先生の講演をメインに据えた会を断続的に開催してきたので、その中から三篇を本書に収録。ただし、二〇一三年四月開催の米寿記念会での講演は、単行本『鈴木孝夫の曼陀羅的世界』に収録済みにつき、これは除外する。

㈢　その他に四編、【解題】に記されている通り、他の団体主催の講演で、いまだ公に発表されていないものを収録。また同じく【解題】にある通り「日本語と日本文化が世界を平和にする」は『新潮45』誌からの転載だが、これは講演に準じたものとみなしての収録である。

㈣　したがって、本書収録の講演録等は計八編となったのだが、その実施時期は、二〇一二年十月〜二〇一八年二月である。ということは、本書は鈴木孝夫八十代後半から九十代初頭の時期の講演集となるわけだ。本書でも触れられているように、いくら長寿社会になったといっても、この年齢でのこうした講演の実行、しかもテーマはいつも気宇壮大で、地球と人類、世界と日本の現状に対する危機感の強さと、だからこその熱い使命感の発露、そして往年（？）と変わらぬ言説の首尾一貫した明晰度の高さには驚嘆するほかあるまい。八十代半ばを過ぎてもこのような身の処し方、関心と取り組むべきテーマの持ち方、表現活動と活躍の仕方がありうると思えば、読者にとっても身も心も魂も勇躍してくるのではなかろうか。

㈤　ところで、本書では「講演集」と謳いながら厳密な意味での講演記録は四編（『新潮45』から転載の談話記録を入れれば五編）で、他の三編は講演当日参加者に配布された相当に長めのレジュメを基に加筆したものだが、このことについて一言。鈴木孝夫講演と言えば「名調子の孝夫節」と相場は決まっており、事前に用意されたレジュメ通りに話が進むわけはないのだが、しかし頻繁な脱線も含めて名調子が勢いつけて弾むには、いかに語りにおいて天下無敵の鈴木孝夫であってもやはり事前の仕込みが不可欠なのであり、仕込みの密度と本番での語りの面白さ、内容の深度は百パーセント比例していると断言していい。そのことを筆者はタカの会主宰者として、またラボ教育センター在職時の鈴木先生との対話式講演会の全国展開において数えきれないほど先生の隣席に座して司会役を兼ねつつ講演に同伴させてもらってきたが、脱線したふり（？）をしながらもさりげなく用意してきたレジュメに目をやりつつ、話をどこかでしっかりと本筋に戻してメリハリをつける凄腕ぶりに接して、何度も感服してきたものである。つまり事前作成のレジュメは天衣無縫、自由自在のかたまりとも見える鈴木孝夫ならではの名調子の、しかし無くてはならない命綱なのである。

特に八十代に入ったあたりからは、ご自身の高齢を意識されてのことでもあろう、レジュメが段々長文化してきたように思われる。それだけ事前の仕込みが用意周到になされるようになったということであり、講演を引き受けるからには必ずや充実した内容にするとの先生の誠実極まりない覚悟と責任感の表れでもあろう。その意味で今回収録した三篇の長文レジュメは、当日講演のエッセンスの惜しみない開示であり、講演要旨の過剰なまでに丁寧な紹介とも言えよう。あるいは「一流講談師顔負けの」（かつて対談を行ったことのあるビートたけしの先生評）鈴木孝夫節が持つ秘密の楽屋裏を覗かせてくれる貴重な資料でもある。それにしても、いくら高齢とは言え、ここまで長大かつ細密なレジュメを用意して講演に臨む人士が果たして他にありうるであろうか。

㈥

一方で、講演のテープ起こし稿作成から始めて（今回も何人かのメンバーの協力を得ており、改めて感謝したい）、それを基に「違和感なくスラスラと読むことのできる」原稿へと整えていく作業は今回も難関の連続であった。先述もした通り、先生の語りは（事前の入念な仕込みはなされるのだが）その場の雰囲気に応じて臨機応変的であり、自由奔放、時に脱線が延々と続いて、しかもそれ自体が滅法面白くて、ライブならではのたまらない魅力と光芒を放つのだが（だからこそ「名調子の孝夫節」なのだ）、しかし、それをそのままテープ起こししただけではなかなか「読み物としては難物」なのであり、相当な力ワザによる再構成が不可欠なのである。しかも、その独特の名調子、つまりはライブ感を可能な限り残すかたちでの文章化が求められるので、その労力と苦しみ、要する時間の膨大さは半端ではない。鈴木孝夫に対するよほどの敬愛とそれなりの理解力、併せてある種の使命感と、この苦行もまた快楽と反転的に思いなすことが可能な志情なくしてできる仕事ではない。

鈴木孝夫の講演記録というものがその講演数の多さに比してあまりないこと、そして「鈴木孝夫講演集」と銘打った本がこれまで一冊も出されなかった理由もおそらくそこにあるというのが筆者の推測だ。

それはともかく、さて、その作業が一通り完了したところで、次に待っているのが、先生による加筆・修正の朱入れ作業だ。そして、これがまた大変。当然のことながら先生は相当に朱を入れてくるので、この校正稿のやりとりが何度か続くことになる。時には「このところ大事なものもどこに置いたか分からなくなる」とのことで、せっかく送り返した校正用ゲラが消えてしまい、再送したりすることも含めて、だ。

本書刊行の画期的意義

さて、様々な難儀も乗り越えて、というより今では笑い話のネタ化しつつ、ついに念願の鈴木孝夫講演集が発刊となったのだが、その第一の意義は、繰り返すが、何よりも講演大好きの鈴木先生初めての講演集を遅まきながら世に送り出すことができたということに尽きよう。そして敢えて言えば、ここには講演記録、あるいは講演用レジュメというかたちをとっての鈴木孝夫最後のメッセージが過不足なく表現されているということだ。つまり「最後の鈴木孝夫」を、鈴木先生が愛好してやまない講演をまとめた一冊として公刊できたことの掛けがえない意義を声を大にして言い募りたいのである。これは仮に今後先生の別な本が出ることがあるとしても内容的に重なる面が少なくないであろうから、この意義は不変と言っていい。そう受けとめれば、当初予定していたよりもかなり遅れた刊行となったが、むしろそれが好都合であったし、最良の頃合いでの出版になったと喜んでいいのである。

なお鈴木孝夫の講演としては、筆者が編集責任を負った（先述の）『鈴木孝夫の世界』誌全四巻に計十四編、さらに（同じく先述の）『鈴木孝夫の曼陀羅的世界』に計三篇を収載してきたので、この十年弱の間に、今回の八編と合わせれば、総計二十五編を、その気になれば誰もがいつでも目を通すことが可能な状態にできたわけで、講演好きの鈴木孝夫をより良く知り、研究を深めていくにはほぼ充分なラインアップと言えるのではなかろうか。

本書の第二の意義としては、書名を、『言語生態学者　鈴木孝夫講演集　世界を人間の目だけで見るのはもう止めよう』としたことだ。鈴木先生が自らの独創的な言語学を「言語生態学」と名付け始めたのはまだ新しく、二〇一三年あたりからだが、その芽生えが早くも少年期から鳥を観察し、追いかけ、鳥と戯れ始めたころにあることは、『鈴木孝夫の曼陀羅的世界』所収の初期の文章「上目黒の鳥」や「アメリカからの『鳥信』」を見れば明らかであり、だからこそ、この大著のサブタイトルを先生と何度も相談の上、『言語生態学への歴程』と決めたのであった。つまりは、いずれ言語学者としての処女論文が「鳥類の音声活動――記号論的考察」になっていくのと同時に、鳥をはじめとする地球上の他の生き物たちと人間には本質的に上下の差がないこと、よって地球は人間だけのものではないとの子ども時代からの直観を思想的な確信へと深めていったのが鈴木孝夫の「歴程」に他ならない。

その上での今回の書名の決定！　筆者が、本年六月下旬の（大分からの）上京時に先生とお会いして、これでどうですかと提案したところ、「よし！」とすかさず合いの手を入れてくださったのである。同席されていた長女の由美子さんも「この書名はキリスト教等一神教からは決して出てこない発想であり、ことばですね」と深々と賛同してくれた様子で、文句なしの本決まりに。

実を言えば、筆者が知る限り、このことばをこの通りの言い方で先生が発したのは、わずか一回限りなのだが（これまで書いたものにもないはず）、シンプルにして、かつすこぶる鮮烈なアジテーション（言霊）でもあるので強く印象に残った次第だ。そこで、本書編集の最終段階で、このアジテーションを最後の方で放った講演を時系列を飛び越えて講演記録の巻頭に据えることにした成り行きでもある。「世界を人間の目だけで見るのはもう止めよう」とは、鈴木孝夫流言語生態学の何たるかを一言で端的に表現するキャッチフレーズであり、これを機会に是非一般にも知らしめていきたい合い言葉である。

鈴木孝夫の言説は一見孤立しているかに思えて、不滅だ

さて、そうであるとして、では、今の日本や世界の状況からして、このキャッチフレーズをはじめと

した鈴木孝夫の主張や警告、提言は、果たしてほんの少しでもリアリティや有効性を持ちうるのであろうか。たとえば本書所収の「言語・文化の多様性とは環境変化から人間を守る緩衝装置だ」にも見られる「…西洋文明ではもう世界に救いはない。今こそ日本が和の精神を中心とした、山川草木悉皆成仏のアニミズム的世界観を指導原理とする世界の主導文明の交代を主張すべきだ」との提言に関心を抱いて耳を傾ける政治家や官僚、あるいはこれらと結びつく「有識者」がほんの少しでも存在するであろうか。この七月行われた日本の参議院選挙をみても、あるいは米国トランプにかき回されて益々混迷するばかりの現在の世界情勢からしても、殆ど皆無と言うしかあるまい。今現在、日本と世界の動向に影響力を持つ（政治的）リーダー層の殆どにとっては、鈴木孝夫の力説してやまない主張、提言の数々は、単なるキレイごとか、机上の空論にしか見えないのではなかろうか。

人類史の現状においては残念ながらたしかにその通りであり、鈴木孝夫の立論はこれまでもそうであったようにおしなべて孤立しているのだが、しかしながら、ここで強調しておきたいのは、鈴木孝夫の論はあくまでも本質的な思想レベルの論であって、いわゆる時務論ではないということである。具体的な政策提言に見える論も多いのは事実だが、何を論じるにしても常に地球と人類、世界と日本の過去・現在・未来を鳥瞰しつつのグランド・セオリーを基にした論述となるので、ド～ンと原理的な筋が通っており、その時々の時流などは軽々と超越している。具体的に言えば、『ことばと文化』が一九七三年に刊行されて以降、そして『人にはどれだけの物が必要か』が一九九四年に出版されて以降、初めは孤立しているように見えて、しかし心ある人士の間にじわじわと受け入れられ、浸透していったように、鈴木孝夫の言説は古びることがないのだ。あまりにも原理的に核心をついているので、発表当初、いや発表後かなり経っても理解者が少ないのはやむをえないが、『ことばと文化』で書かれている言語論、日本語論は言うに及ばず、『人にはどれだけの物が必要か』で主張されている「買わずに拾う、捨てずに直す」日々の実践を基にした地球環境問題に対する極めて先駆的な警告と提言は、時の経過とともに確実にリアリティを増し、日本のみならず世界各地で評価が高まってきていると言っていい。かつて岩波書店で鈴木孝夫著作集を刊行する編集作業が進んでいった際、時の担当編集者が『人にはどれだけの物が必要か』を「これは先生の主要著作ではなく余技みたいな本ですから今回著作集に入れるのはやめましょう」などと、さかしらに述べたというのも当時の社会通念や出版界の常識からすれば無理もないことだったかもしれないが、この編集者と、ここで激怒し、「この本を入れない鈴木孝夫著作集であれば出す意味はない」とまで頑強にこだわった先生とでは、どちらが他ならぬ鈴木孝夫の著作集として現実的にも賢明であったかはすでに歴然としていよう。鈴木孝夫にとって、『人にはどれだけの物が必要か』は若き日から年季を入れて思想的考察を深め、かつ実践も重ねてきた上で書かれた代表作の一つであるのは言うまでもなく、余技などでは全くなかったからだ。そして、「言語生態学」、本書のタイトルともなった「世界を人間の目だけで見るのはもう止めよう」とは、鈴木孝夫にとって、『ことばと文化』などに結晶している言語学と、『人にはどれだけの物が必要か』に代表される人生哲学、世界認識が二つに見えて実は一つであることの何よりの証でもあろう。

さらに遡れば、先生の言語学者としての初めてのかの研究論文『鳥類の音声活動――記号論的考察』

自体が、当時の日本言語学会で殆ど全く評価されないどころか、大御所的存在であったある学者からは「この論文は読み物としては面白いが、言語学とは関係ないのでは」とまで言われた由。日本言語学会でその後、この画期的な研究論文がどのような評価を得てきたのかについて筆者は不知だが、少なくとも現在、この論文が言語学とは無関係と考える言語学者は絶無なのではなかろうか。

ことほどさように鈴木孝夫の言説、研究、学問は原理的に筋が通りすぎて、あまりに先駆的であるが故に当初はなかなか賛同者が増えないのが定めのようであるとともに、この「当初」が相当長期に及ぶ場合もしばしばなのである。本書にも出てくるが、「日本語を国連の公用語に」との提言もそうだし、「今こそ日本の大学の中心を文学部に」との提起も先駆的と言うより反時代的迷言と受け止める向きが多いに相違ない。またかなり昔からの「少子化と人口減少は全国共通の深刻な問題であり、なんとかして打開策を練り上げねば、といった誰もが口にする論は、それこそ〈笑止〉の沙汰でしかない。地球のキャパをはるかに超えるほどに繁殖しすぎた人間の数を大幅に減らすことこそが早急に求められている重大なテーマだ」との先生の持論も、今もなお、というより今日益々孤立した論となっていよう。

しかしながら、ともう一度言うが、鈴木孝夫の言説、メッセージは先生ならではの独特のグランド・セオリーに深く根差して、かつ広く鳥瞰的であるが故に原理的に不滅であり、永遠の生命力を持つと断言していい。『ことばと文化』や『人にはどれだけの物が必要か』をはじめ多くの著作が、その後着実に広範な読者を獲得していき、少なからぬ学者、「有識者」も含めて多大な影響を及ぼしてきたように、本書で力説されている鈴木孝夫最後のメッセージ（諸々の予言や警告、主張や提言）も今後時代の潮目が変わる出来事が起こる（本書での警告通りそれは必ずやってくるが）のを待つまでもなく、じわじわと広がり、受け入れられていくに違いない。地球温暖化等環境破壊への危機意識は、今や若い世代にも世界規模で格段に広く共有されるようになってきているし、「日本語教信者」も以前に比べれば相当に増大し、日本語・日本文化への関心も世界中で高まりつつある。「少子化対策、人口減対策こそ急務」などといった論がいかに時代錯誤的な愚論であるかについても、いずれ急激な認識変化が迫られて一気に広がる時期が必至であろう。時代は漸く少しずつ鈴木孝夫に近づきつつあるとも言えるのだ。

今現在の日本と世界の短期的情勢を見れば、愚かしくも無念な現象ばかりが目立つが（これまた鈴木孝夫の説く人類滅亡促進の現象だ）、中長期的に目を凝らせば、人口問題も含めて地球生態系の危機、環境破壊が歯止めなく進んでいる以上、人類がもしも本気で「延命」を考えるのであれば、鈴木孝夫の創発した言語生態学的文明論に益々近づくほかない。「世界を人間の目だけで見るのはもう止めよう」を合い言葉にするほかないと改めて確信する次第だ。かなりの難産の末に世に送り出された本書が一人でも多くの人士の手に渡ることを願ってやみません。

最後になりましたが、本書出版計画の成り行きを辛抱強く見守りながら今回も発行を喜んで引き受けてくださった冨山房インターナショナルの坂本喜杏社長に心から感謝いたします。併せて全原稿入稿から短期間で一気に読みやすく美麗な一冊に仕上げてくださった編集主幹・新井正光氏にも厚く御礼申し上げます。

二〇一九年八月吉日

鈴木孝夫（すずき・たかお）
1926年東京生まれ。慶應義塾大学名誉教授。専門は言語生態学、言語社会学、文化意味論、外国語教育等。慶應義塾大学医学部予科、同大学文学部英文科卒業。慶應義塾大学教授、イリノイ大学、イェール大学教授、フランス高等社会科学研究院客員教授等を歴任。著書に『ことばと文化』（岩波書店）、『武器としてのことば』『閉された言語・日本語の世界』（新潮社）、『人にはどれだけの物が必要か』（中央公論新社）、『あなたは英語で戦えますか』『鈴木孝夫の曼荼羅的世界』（冨山房インターナショナル）等多数。

言語生態学者　鈴木孝夫講演集
世界を人間の目だけで見るのはもう止めよう

二〇一九年十月十六日　第一刷発行

鈴木孝夫　著

発行者――坂本喜杏
発行所――㈱冨山房インターナショナル
東京都千代田区神田神保町一-三　〒一〇一-〇〇五一
電話〇三（三二九一）二五七八
印　刷――㈱冨山房インターナショナル
製　本――加藤製本株式会社

ISBN 978-4-86600-073-2 C0080